SHODENSHA
SHINSHO

一〇〇歳時代の人生マネジメント

——長生きのリスクに備える

石田 淳

祥伝社新書

はじめに

本書を手に取ってくれたあなたは、おそらく一週間後には、「生き方を変えよう」と真剣に動き出していることと思う。それを切《せつ》に願って、私は本書を世に出そうと決心したのだ。あなたは、いますぐ行動を起こさねばならない。

なぜなら、あなたの二〇年後、三〇年後は、いまのあなたが想像しているものとはかけ離れたものとなる可能性がきわめて高く、しかも、あなたがその現実をほとんど把握《はあく》できていないと思われるからだ。

あなたは、自分が長生きするという喜ばしい理由によって、想像を絶する苦しみを味わうことになるかもしれない。すなわち、命は長らえているのに、そこにお金も健康も心のやすらぎもないという、あまりにもつらい日々が待っているのである。

この傾向は日本だけの現象ではなく、世界中の先進国で指摘されている。しかし、とくに日本に顕著《けんちょ》に現われるだろうと、私は考えている。

日本という国家は成熟しきってしまい、もはや成長は望めない。人口もこれからは激減していく。しかも、年金制度は破綻《はたん》している。

そんな状況にあって、医療は世界最高水準レベルにあり、人々の意識も高いからますます寿命は延びていく。あなたが一〇〇歳まで生きるであろうことは、数々の信頼のおけるデータが証明している。

これは、現代を生きる私たち日本人が、はじめて重大な「転換期」を迎えることを意味している。

長い人類の歴史には、いくつもの転換期があった。

古くは氷河期から、ペストなどの疾病《しっぺい》の大流行まで、甚大《じんだい》な人的被害に見舞われることがたくさんあった。紛争も絶《た》えず、そのたびに人々は激動の渦《うず》に巻き込まれていった。

実際に、第二次世界大戦で、日本は膨大な人命を失っただけでなく、その価値観さえも放棄させられることになった。

しかし、戦後生まれの私たちには、「生き方を変えなければ生き残ることができない」といった経験などない。

バブル景気になったり、デフレが起きたり、外交上でも大きな出来事はさまざまあったが、振り返ってみればたいしたことではない。

インターネットの発達や、これから旋風《せんぷう》を巻き起こすであろうＡＩ（人工知能）も同様だ。

そうしたことではなく、私たちは「自分が長生きする」というきわめてパーソナルな理由によって、これまでにない脅威《きょうい》にさらされてしまうのだ。

そして、「自分事」ゆえに、自分で対処していくしかないのである。

ここ数年、「老後破産」が大きな話題になってきた。日本のみならず諸外国でも、自分の老後に危機感を抱く人々が増えている。派手な暮らしなどできなくとも、子どもや孫たちの成長を喜んで「ほっと一息つける」老後など、自分たちには与えられないのではないかと、多くの人が気づき始めている。

残念ながらその懸念は当たっている。当たっているのだが、人々の反応がいま一つだったのは、どこか「他人事《ひとごと》」だったからだ。

私はセミナーなどを通して、四〇代を中心とした課長世代とたびたび意見を交換している。そこには、誰でも名前を知っている有名企業の課長たちも大勢いる。

しかし、驚くべきことに、エリートと呼ばれるような彼らでさえ、その九九パーセントは、わが身の現状を理解できていない。まったく、のんきなものなのだ。

そのたびに、大きな危機感を抱いて語ってきたことを、「より多くの人に伝えたい」と思いまとめたのが本書である。

まずは一読《いちどく》して、あなたが認識を一新していただきたい。

二〇一七年四月

石田《いしだ》 淳《じゅん》

目次

はじめに　3

序章　一〇〇歳時代の「学び直し」

五〇歳の危ない現実　16
八〇歳では死ねない　18
「他人の現在」ではなく、「あなたの現実」を直視しよう　22
なぜ五〇代が心配なのか　24
なぜ男性が心配なのか　26
「学び直し」を楽しめ　29
行動科学マネジメントは、なぜ結果が出せるのか　31

「最悪を回避」して、人生を謳歌《おうか》しよう　33

第1章　一〇〇歳までのお金の話

五〇代のお金の現実　36
あなたは、いくら用意しなければならないのか　38
お金をつくる二つの方法　41
逆転可能な第二ステージ　43
いまの仕事は、一〇年後にないかもしれない　45
起業家的に生きることが必要　48
具体的に動いてみよう　50
安易《あんい》な早期退職は危険　52
金融リテラシーを身につけよう　54
投資に対する偏見を捨てよ　56

自分年金をつくる　59
つまらない「脱税」に注意　61
負の遺産を抱え込むな　63
お金の出入りを把握する　67
スモールゴールで勉強を　69
環境づくりが大切　71
自分へのご褒美《ほうび》を　73
【エピソード①　共働きを続けることにした菊池さん】　76

第2章　頭と体を健康に保つ

八五歳の現実　80
健康寿命を延ばす　83
「ピンピンコロリ」はできません　86

五〇代はなめている　88
三つの健康　90
驚くべき意識の低さ　93
継続が決め手　96
大げさではない運動を　98
一日五分から始めよう　101
先を見据えた食習慣　102
満腹になるな　105
遺伝子検査もおすすめ　107
タバコは最悪だ　109
健康のためにすべきことを、続けるために　112
【エピソード②　両親の姿を見て健康維持の方法を学んだ石黒さん】　116

第3章　メンタルをどう支えるか

暴走する高齢者たち　120
六〇歳からキレ始める　122
怒ることが習慣になっていないか　125
ネガティブ感情の根底にある「不安」　127
不安は明確にする　133
五〇代ならではの「うつ」に注意　136
私たちは「ネガティブトーク」にさらされている　139
私たちの認知は歪んでいる　140
歪んだ認知は病気をつくりだす　144
マインドフルネスを取り入れよう　146
「いま」に意識を向ける呼吸法　148

怒りを感じたら右手を握れ　150
「ささやかな幸せ」を感じる習慣　152
一日の終わりに、三つのいいことを書き出そう　154
【エピソード③　四〇代半ばで新しい資格を手にした高田さん】　157

第4章　生きがいと人間関係

「終活」の認識を変えよう　162
「いい人生」にすること　165
新しく友人をつくろう　167
肩書を捨てよう　169
ボランティアもいい　171
高齢者の「セルフネグレクト」が増えている　174
地域に溶け込もう　176

趣味を持とう　178
ゴルフを捨てよう　181
配偶者との関係で決まる天国と地獄　183
二人とも外へ出よう　185
自分のために家事を楽しもう　187
介護で潰《つぶ》れない　189
子どもには自立してもらう　193
ミニマムに暮らす面白さを知る　195
時間の使い方を変えよう　197
【エピソード④　第二の居場所をつくりだせた岸本さん】　199
おわりに　202

編集協力　中村富美枝
図版　篠宏行

序章

一〇〇歳時代の「学び直し」

五〇歳の危ない現実

今年、五〇歳になったばかりの知人がいる。仮にA氏としておこう。

A氏は、大学を卒業してからずっと準大手の機械メーカーに勤めてきた。専業主婦の妻と二人の子どもがいる。いまの肩書は部長代理。もっと上に行きたかったが、どうやら出世の階段はそこまでのようだ。

先日、五〇歳を迎えるにあたって人事部に呼ばれた。「これからのキャリアプランを一緒に考えましょう」というものだった。要するに「会社にぶら下がっているだけの迷惑な人にならないでほしい」と言いたいのだろう。

愉快《ゆかい》ではなかったがしかたがない。みんな同じような思いをしているのだ。それに、もろに肩叩きに遭《あ》っている同僚に比べたら幸せなほうだ。

A氏は残された自分の人生について、こんな青写真を描いている。

やがて役職定年を迎え、五五歳からは年収も下がるだろう。でも、その頃には下の子どもも大学を卒業する。埼玉県のターミナル駅近くにある高層マンションのローンは、頑張って繰《く》り上げ返済して昨年に払い終えている。

延長雇用で六五歳まで働くことができたら、子どもたちが独立したあとの夫婦二人の暮らしくらいなんとかなるだろう。

「贅沢《ぜいたく》はできなくても、そこそこ悠々自適《ゆうゆうじてき》の日々を過ごせればそれでいい」というわけだ。

おそらくA氏は、いまの五〇歳前後のサラリーマンの典型的なタイプではないかと思う。もしかしたら、あなたもそうかもしれない。あるいは、あなたはまだ四〇代で、いずれA氏のような五〇歳を迎えることになるのだと思っているだろうか。

いずれにしても、その思惑《おもわく》は外《はず》れる。

最初に明確に述べておくが、あなたや私の世代には、六五歳からの悠々自適な生活などあり得ない。それが可能だったのは、いまの高齢者までだ。

いや、悠々自適をやってみること自体は可能だ。あなたは、自分が受け取れる年金が多くないことは想像していて、老後のために貯金もしていることだろう。それに、たいていの企業ではまとまった退職金を出してくれる。

だから、六五歳で仕事から離れたら、そのお金を使って旅行をしたり、ちょっと豪華なランチを食べたり、スポーツクラブや趣味の会に入ることもできるだろう。もちろん、その前に、必要最低限の食費や病気にかかったときの治療費などは用意しておかねばならないが。

ところで、あなたはそんな日々を何歳まで送るつもりでいるだろう。まさか、勝手に「八〇歳くらいまで」などと思い込んではいないだろうか。「八〇歳にもなれば、そろそろ寿命がくるはずだから」などと。

八〇歳では死ねない

〈図1〉を見てほしい。二〇一六年に神奈川県が年頭記者会見で発表したもので、日本人の平均寿命の推移を示したものだ。

現在、男性の平均寿命は八〇歳を少し超えているくらいだから、あなたは漠然《ばくぜん》と

〈図1〉平均寿命の推移

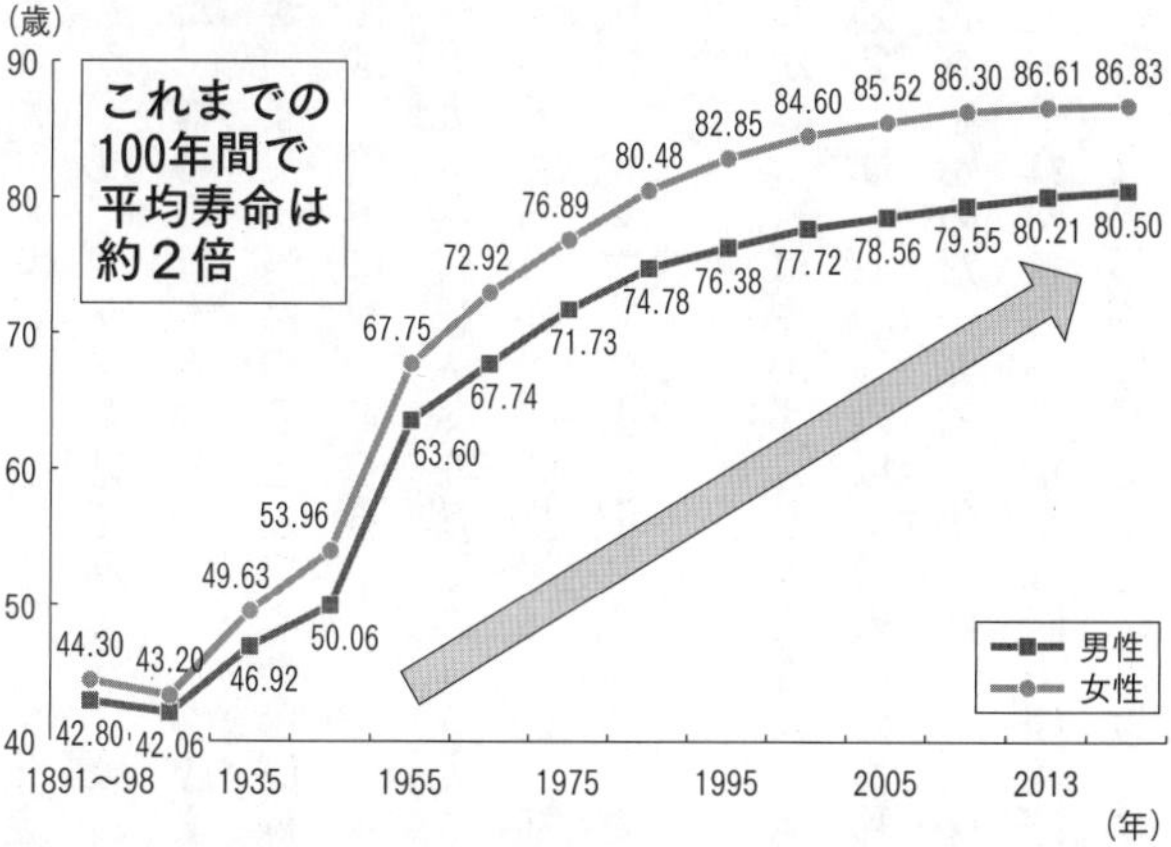

「2016年神奈川県年頭記者会見 人生100歳時代の設計図」より作成

「とりあえず八〇歳まで楽しく生きられたらいいな」などと考えているのではないか。かつては私もそうだった。

甘いのである。おそらく、あなたも私も八〇歳では死ねない。もっともっと生きなくてはならない。六五歳から悠々自適で過ごすのは勝手だが、八〇歳でその資金が枯渇《こかつ》したあとに、どうやって生きていくつもりだろうか。

日本人の平均寿命は毎日五時間ずつ延びているそうだ。その調子で延び続け、二〇四五年には平均寿命が一〇〇歳になると言われている。一九六五年生まれの人なら、二〇四五年にようやく八〇歳。

まだまだ死ねずに、二〇六五年まで生きる計算になる。

もう一度、グラフを見てみよう。戦後すぐの時代、平均寿命は五〇歳にも満たなかった。当時の日本人にとって、八〇歳まで生きるなど夢のような話だったはずだ。それがいまでは当然のこととなった。同様に、あなたが一〇〇歳まで生きるのも当然の時代は、確実にやってくる。

一九九〇年代に人気を博《はく》した「きんさん・ぎんさん」という双子姉妹がいたのを覚えているだろうか。二人揃《そろ》って一〇〇歳を超えても元気で、かつ、おめでたい名前も手伝い、マスコミによく取り上げられた。当時は、一〇〇歳まで生きる人は貴重だったのだ。

しかし、もはやめずらしくもなんともない。

〈図2〉は、一〇〇歳以上の人口の推移と推計を示している。

調査を始めた一九六三年には、一〇〇歳を超えて生きている日本人は、わずか一五三人。それが二〇一〇年には四万四四四九人、二〇一六年には六万五六九二人となっている。五〇年間ほどで三〇〇倍以上に増えているのだ。

〈図2〉100歳以上の人口の推移・推計

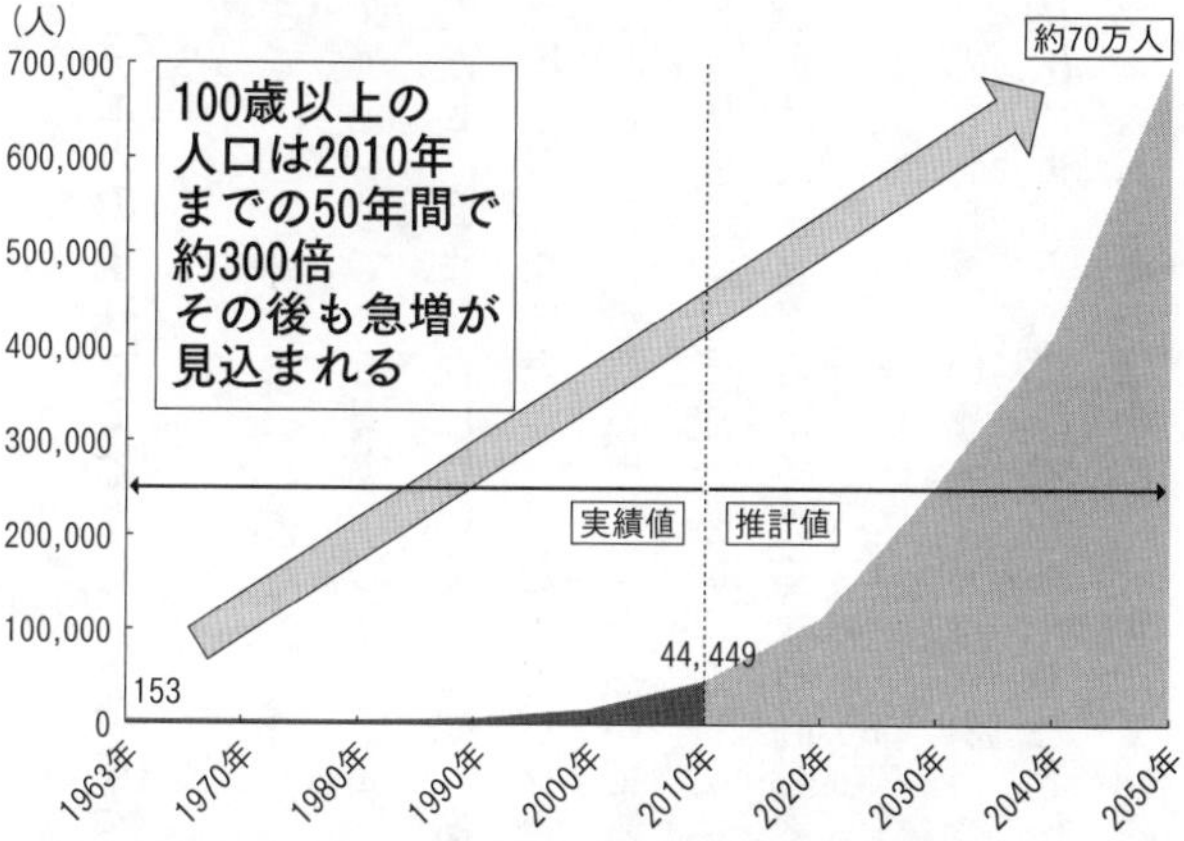

「2016年神奈川県年頭記者会見 人生100歳時代の設計図」より作成

これまで国は、一〇〇歳を迎えた人へのお祝いに純銀製の杯《さかずき》を贈っていたが、それがメッキ製に変更になった。あまりにも対象人数が多いので、純銀製ではお金がかかってしかたがないからだろう。

今後、一〇〇歳以上の人は緩《ゆる》やかに増えていくのではなく、グラフのように急激に増え、二〇五〇年には約七〇万人に達すると予測されている。

あなたも私も、そしてお互いの配偶者も、このなかに入っている可能性が非常に高い。

「他人の現在」ではなく、「あなたの現実」を直視しよう

さて、ここまで述べてきたことはジョークでも与太話《よたばなし》でもない。信頼のおけるデータが証明している現実なのだ。

ただし、いま現在について言えば、あなたの親戚や知人に一〇〇歳を超えている人はさほど多くないだろう。だからピンと来ないかもしれない。

しかし、これから急カーブを描いて激増する。あなたは一〇〇歳まで生き、そのときには周囲も一〇〇歳だらけになっているということだ。

いまは八〇歳くらいで亡くなる高齢者が目立つかもしれないが、あなたは八〇歳では死なない。だから、「人生八〇年」で計画を立てていたら破綻《はたん》する。「人生一〇〇年」の発想転換をいますぐしなければならない。

私は最近、五〇歳前後の人たちと老後計画について話をする機会が多い。すると、みな「六五歳までは働こうと思っている」とか「可能なら七〇歳まで働いてもいいか

な」などと言う。

彼らのざくっとした計算では、貯蓄に少ない年金を加えれば、夫婦二人なんとか一五年くらいは生活していけると考えているようだ。

その数字自体はそこそこ当たっているのではないかと思う。一〇〇歳まで生きるのだったら、そであるならば、それをもとに逆算すればいい。一〇〇歳まで生きるのだったら、そこから一五年を引いて、八五歳まで働かなくてはならないということだ。

私がそれを指摘すると、たいていの人は驚愕《きょうがく》する。

「八五歳まで働くだって？　自営業ならまだしも、サラリーマンが八五歳まで働くなんて、あり得ない！」

それは、いまの時点では、八五歳まで働くサラリーマンがほとんどいないからだ。何度でも述べるが、あなたや私が八〇代に突入する頃は世の中はすっかり変わっている。誰もが八五歳まで働かねばならない時代になっているのだ。

あなたが目を向けるべきは、いまの八五歳ではない。あなたの八五歳である。臭《くさ》いものに蓋《ふた》をしていても、その蓋はいずれ開けねばならない。現実を直視し行動を起こさねば大変なことになる。

なぜ五〇代が心配なのか

「いまの若い連中は夢がない」

五〇代の人たちからよく聞かされる言葉だ。

たしかに、いまの二〇代はクルマも欲しがらない。クルマは購入費はもちろん、駐車場などの維持費もかかる。「そんなお金があったら老後のために貯金するべき」と男女ともに考えているようだ。

デートには自分のクルマを出すのが当たり前だった五〇代の男性にとって、それは信じられないことなのだろう。「若い頃からケチなことを言っているようじゃ、将来が思いやられる」と余計な心配をしている。

しかし、本当に心配なのは当の本人である。五〇代の将来こそ「思いやられる」のだが、それに気づいていない人が多いのだ。

私の知人に、フリーランスで出版関係の仕事をしている女性がいる。その彼女が最近、出版社に勤める人たちから「フリーでやっていくにはどうしたらいいか」と、よく聞かれるのだそうだ。質問してくるのは、多くが五〇代の男性だという。

いま五〇代の彼らは、若い頃にバブル経済を経験しており、総じて金遣《づか》いが荒《あら》い。また、自分の両親を見てきて「老後は年金で暮らせるんだ」という勘違《かんちが》いをしている。そのため、そもそも老後資金についての認識が甘く、貯蓄も少ない。

ところが、いよいよ自分の定年が見えてきた頃になって、ようやくファイナンシャルプランナーのアドバイスを受け「このままではヤバい」と感じ始める。そして、「定年後もお金を稼ぐにはどうしたらいいか」とにわかに焦《あせ》っているのだ。

その女性は、ため息交《ま》じりに言う。

「他業界と比べて、出版界はフリーで仕事がしやすい傾向にあります。でも、それだけに多くの若い人たちが早くからフリーで活動しています。これまで会社の名前を頼りにやっていた五〇代が、どこまで入り込めるか難しいですよね」

それでも、フリーランスで仕事ができる可能性があるならまだいい。あなたの仕事はどうだろうか。

なぜ男性が心配なのか

もう一人、私の知人女性を紹介しよう。仮にB子さんとする。

B子さんは大学卒業後、大手金融企業に勤務。会社の先輩と結婚し、出産を機《き》に専業主婦となった。ところが、四〇歳で二人の子どもを連れて離婚した。

一応、養育費は受け取れることになったが、生活費なども考えたら長く稼げる仕事に就《つ》かねばならない。将来性などをいろいろ考えた末に、看護師の資格を取るべく専門学校に入った。

子育てしながらの通学は大変だったものの、三年後に准《じゅん》看護師の資格を取得。いまは大病院に勤務しながら正看護師を目指しているところだ。

実は私の母も看護師だ。七五歳になったいまも、近所のクリニックで元気に働いている。どこの病院も慢性的な看護師不足に悩まされているから、仕事がなくならないのだ。B子さんも正しい選択をしたと言えるだろう。

かつてのB子さんは、看護師になろうなどとは考えたこともなかったという。どちらかと言えば「そんなハードワークは自分には向いていない」と思っていた。

しかし、現実を目の前にすれば、いかようにも変われるのが女性なのだ。

ちなみに、このB子さんの大学時代の友人女性は大手メーカーに就職したが、「このままここで安穏《あんのん》と定年まで勤めていたのではまずい」と感じ、自分のお金でアメリカに留学。MBA（経営学修士）を取得した。

私が見ている限り、男性よりも女性のほうが変化に強いようだ。たぶん、彼女たちが置かれた環境がそうさせている。

なんだかんだ言っても、まだまだ日本は男社会だ。

同僚と結婚したら、会社を辞《や》めるのはたいてい女性。

夫婦別姓でない限り、名字を変えるのはたいてい女性。

子どもができたら、仕事を減らすのはたいてい女性。

そういう状況にあって、少しでもいい方向にと知恵を絞って生き抜いているのが女性たちだ。結果的に彼女たちは、自分にとって不都合で困難なことが起きても「今度はなに？」くらいに構え、現実的な方法でその局面に対峙《たいじ》していく強さを持っているのだ。

対して、男性はどうだろう。いま五〇歳前後の男性の多くが「会社で偉くなってしまうのが一番の得策だ」と考え、頑張ってきた。同期の仲間よりも出世すれば、いい人生が送れるという、きわめて硬直した生き方をしてきた。

しかし、たとえ同期のなかでたった一人だけの部長になろうと、会社を辞めればただの人だ。会社は一〇〇歳まで面倒を見てくれるわけではない。

考えてみれば、会社に勤めている時間は人生の一部でしかない。大学を卒業してから六五歳まで勤めたとしても、およそ四〇年。一〇〇歳まで生きるのであれば、それとほぼ同じだけの歳月が、会社を辞めたあともまだ残っているのだ。

部長でもなんでもない「ただの人」としてその年月をどう過ごしていくか、考えている男性がどれだけいるだろう。

「学び直し」を楽しめ

さて、ここまでいろいろ厳しいことを述べてきたが、かと言って、私はあなたを絶望させたいのではない。ぎりぎり間《ま》に合ういまの段階で発想転換し、幸せな一〇〇歳人生をまっとうしてほしいと願っている。

私はなにも、「八五歳まで正社員として一日八時間以上働け」などと言うつもりはない。明らかに不足するであろう年金だけに頼るのではなく、少しでもお金を手にできる状態であればいい。そして、支出については医療費などは少なく、人生を楽しむために多くを使えるようにできたらいい。

そのために、なにをすればいいかを本書で一緒に考えていこうと思う。

一〇〇歳まで生きる時代に、最優先で考えなくてはならないのは資金計画だが、同じくらいに健康問題や人間関係も重要だ。それらが不完全であれば、仕事もままならないし、人生自体がつらいものとなってしまう。

一〇〇歳までのお金、健康、人間関係……すべて自分でつくらねばならない。誰もあなたの代わりはしてくれない。もはや「老後」という発想自体を捨てて、自らの人生を生き抜くことが求められる。

それは、これまで得た情報や既成の価値観で可能になることではない。新たな学びが必要になってくる。

あなたは、これまでもいろいろ勉強をしてきたことだろう。ビジネスのためのものであろうとプライベートなものであろうと、これまでの学びは「六五歳まで働き八〇歳まで生きる」ことを前提としたものだったはずだ。その燃えかすで「一〇〇歳までをなんとかしよう」などと考えてはいけない。

本書を通しての一貫したテーマが「学び直し」だ。

一〇〇歳まで生きるのであれば、資金計画はもちろん、健康づくり、人間関係などすべてに学び直しが必要になってくる。そのためには、私が提唱《ていしょう》している「行動科学マネジメント」の手法が間違いなく役に立つ。

具体的には後述するが、行動科学マネジメントを用いれば、「無理のない習慣化」

が可能になる。新しい仕事のための勉強習慣も健康のための運動習慣も、五〇歳を過ぎてからでも難なく身につく。

だから、「五〇歳を過ぎてから学び直すなんて大変なことだ」などと、ネガティブに考えないでほしい。いくつになっても新しいことを始めるのは楽しい。その楽しみを追求した結果として、一〇〇歳までの人生が充実したものになれば最高ではないだろうか。

行動科学マネジメントは、なぜ結果が出せるのか

改めて触《ふ》れておくが、行動科学マネジメントは「行動分析」という学問に基礎を置いたマネジメントメソッドだ。もともとはアメリカＡＤＩ社によって開発されたが、それを私が日本企業に適した形につくりあげた。

そこでは、少数のハイパフォーマーに頼ることはしない。八割を占《し》めるミドルパフォーマーやローパフォーマーの底上げを図《はか》り、全体的なパフォーマンスをアップして

いくことを目指している。

いつ、ほかの企業から引き抜かれてしまうかわからない二割のハイパフォーマーを重用するよりも、八割の人たちに結果を出してもらうほうが企業にとってはるかに価値がある。

なぜ、そんなことが可能かと言うと、「誰でも結果が出せる行動」を対象者に教えるのがこのメソッドの目的だからだ。行動科学マネジメントでは、本人のやる気や根性、持って生まれた勘のよさなどとはまったく関係なく、「取るべき行動」を彼らに具体的に示してあげるのだ。

そして、その望ましい行動を取り続けてもらうために「繰り返したくなる仕組み」を用意する。

人が何かを成し遂《と》げられない理由は、「その方法を知らないか」「方法は知っているが、継続できないか」の二つしかない。

それらを解決することで、結果につながるいい行動を習慣化できるのが、行動科学マネジメントの非常に優《すぐ》れたところだと、私は考えている。

「最悪を回避」して、人生を謳歌《おうか》しよう

行動科学マネジメントでは、「ＢＢＳ（Behavior Based Safety）」というメソッドも重視している。ＢＢＳは、企業の危機管理で最前線を走るアメリカで生まれた理論であり、常に「起こりうる最悪事態」を想定してリスク回避を行なう手法だ。

企業も個人も、リスク管理が甘ければちょっとしたことで破綻してしまう。

表沙汰《おもてざた》にはならなかったが、かつて、とある日本の大企業の工場が火災で丸ごと燃え落ちるという事件が起きた。その原因は、たった一人の従業員が、タバコの吸殻をきちんと始末しなかったことにあった。そんなつまらないことで、取り返しのつかない損害を被《こうむ》ったのだ。

あなたは「ハインリッヒの法則」をご存じだろうか。一件の重大な災害の裏には二九件のかすり傷程度の小さな事故があり、さらにその二九件の陰には三〇〇件のひやりとした体験があるというものだ。

一つの「ひやり」の段階で、起こりうる最悪事態を想定し対処しておけば、工場が燃え落ちるということもなかったろうが、それをしないでいれば、いつか大災害に発展するのだ。

ビジネスシーンのみならず、人生にもこの法則は当てはまる。あなたの人生を考えたときにも、いくつかの「ひやり」が見つけられるはずだ。それを、いまから一つずつ解決していこう。

もし「まあ、大丈夫だろう」と見逃していれば、いつか「まさか!」という事態に陥《おちい》る。この「まさか!」を、けっして招《まね》かないでほしい。

工場の火災ならば、努力次第で建て直すこともできる。しかし、人生はやり直しがきかない。一生懸命生きてきた人生の後半に、「まさか、こんなはずではなかった」と悔《く》いるようなことはやめておこう。

第1章

一〇〇歳までのお金の話

五〇代のお金の現実

保険関係の企業で、人事部主催の大がかりな説明会が開かれた。広い会議室に、その年に五〇歳を迎える社員が全員集められ、今後のキャリアプランについて会社から提案がなされたのだ。

長年、営業畑を歩んできたC氏も、招集をかけられた一人である。

そこでは、C氏らにとって三つの選択肢があることが示された。

もし、五五歳以前に早期退職する道を選べば、退職金が上乗せされる。

六〇歳の定年で退職する場合、五五歳から給料は減額されるが、退職金は満額支給される。

さらに、六〇歳で定年退職しても、延長雇用を希望すれば六五歳まで勤めることもできる。ただし、新入社員並みの給料となる。

こうした条件を挙げられ、「あなたはどうしますか?」と問われたのだ。

だいたい予想していた通りの内容である。すでに妻と相談していたC氏は、六五歳まで働くことを希望した。ほかの人たちも、多くがC氏と同様の返答をしていた。そうするよりほかに方法はなかったからだ。

いまの五〇代は、たいていがC氏と同じような状態に置かれている。

一時期は、会社の主要な仕事について責任ある立場を任されていたのに、いつの間にか「御役御免《ごめん》」を言い渡されて、彼らは戸惑っている。悔《くや》しいが、「では、どうすればいいのか」の手立《てだ》てがない。

なにか特別なスキルを持っていて「残ってほしい」と思える人には、六五歳を過ぎようが何歳になろうが会社は高い収入を約束する。しかし、普通の社員に対してはそうではない。安い給料で「しかたがないから年金が出るまでは雇ってやろう」という態度に出る。

最近、「同一労働、同一賃金」ということが言われるようになった。実際に、不当に安い給料で高齢の従業員を働かせた企業が裁判で負けるケースも出てきている。しかし、ここで言う「同一労働」は、たとえばトラック運転手のような技術系の仕事であり、いわゆる会社勤めのサラリーマンに適用される考え方ではない。

「これまで部長をやっていたときと同じ仕事をしているのだから、部長並みの給料をもらって当然だ」というのは通らない。

これが、五〇代を待ち受けているお金の現実である。

あなたは、いくら用意しなければならないのか

もっとも、安い給料であっても現金を手にすることは大事だ。だから、延長雇用を選んだC氏の判断は間違ってはいない。

ただし、「六五歳まで我慢して会社に行けばそれでＯＫ」という時代は終わったということを忘れてはならない。それは人生八〇年を想定してのことであり、これからは八五歳まで働かねばならない。

説明会があった日の夜、C氏はほっと一息つきながら妻に報告した。

「なんとか六五歳までは勤めることができそうだ」

労《ねぎら》ってくれるとばかり思っていたが、妻は不安そうに「それで、その後はどうするの?」と言う。疲れていたC氏は思わず声を荒《あら》らげてしまった。

「なんだよ、もっと働けっていうのか。俺はもう充分に頑張ったつもりだ。じゃあ、きみが働いてくれよ」

その瞬間に妻の顔色が変わった。かつては妻も会社勤めをしていたが、子育てが大変になって退職せざるを得なかったのだ。あまり家事に協力的ではなかったC氏に、妻が不満を抱いていたであろうことはわかっている。

「いやいや、とにかく大丈夫だから」

とっさに言いつくろったものの、実際に「大丈夫」かどうかはわからない。

妻に安心してもらうためにも、C氏はその日から、自分たちの老後のお金について真剣にシミュレーションを始めた。

本やインターネットを頼りにいろいろ調べてみると、夫婦二人が生活していくために、毎月最低でも二五万円くらいかかるらしい。少し余裕のある暮らしをしようと考えたら、三五万円は必要だということがわかったのだ。

しかも、妻は「年金をあてにして外《はず》れたら大変だから、年金はなしのつもりで計画しなくては」と言う。となると、毎月三〇万円前後を自分たちでなんとかしなければならない計算だ。

「仮に八〇歳まで生きるとして、六五歳で仕事を辞めたら残り一五年間。三〇万円を一八〇カ月分だから、五四〇〇万円も必要なのか」

大変な金額だ。C氏は青くなった。

「そうか。六五歳以降もアルバイトくらいはしなくちゃな。でも、これまでの貯金と退職金を合わせればなんとかなる気がする。それに年金だって少ないなりに出るだろうから……」

すでにあなたは、C氏の見込みの甘さに気づいていることだろう。本当はこう計算しなければいけなかったのだ。

「仮に一〇〇歳まで生きるとして、六五歳で仕事を辞めたら残り三五年間。三〇万円を四二〇カ月分だから、一億二六〇〇万円も必要なのか」

お金をつくる二つの方法

もちろん、普通のサラリーマンが、六五歳時点で一億円を超える余裕資金を持っているはずはない。だから、八五歳まで働かねばならないのだ。

ファイナンシャルプランナーが、老後資金を心配する人たちのために作成したキャッシュフロー表を見ると、多くが似たようなパターンを示している。

三〇代から四〇代は、家の購入や子どもの教育費などで何度か大きな出費があるものの、資金はなんとかプラスで推移している。それが五〇代に入るとだんだん底をついてくる。給料は減額傾向にあるのに、ローンの繰り上げ返済や子どもの大学進学、家のリフォームなど出費が重なるためだろう。

そして、六〇代になると退職金で一息つける。ただし、その後は退職金や貯金を徐々に食い潰《つぶ》していくことになる。それでも几帳面《きちょうめん》な日本人は、ある程度の貯金を残したまま亡くなっていく人が多い。

しかしながら、こうした典型的なパターンを踏襲できたのは過去の話だ。六五歳から八〇歳までの一五年間なら、退職金を主《おも》にした貯蓄で食いつなげるかもしれない。しかし、一〇〇歳までは無理だ。

だから、これまであちこちで目にしてきた老後資金のシミュレーションは頭から捨て去ったほうがいい。そんなものを基準にしていたら、とんでもないことになってしまう。

あなたがサラリーマンであるなら、おそらく六五歳までは会社に勤め続けることができる。これからは、七〇歳まで雇用延長をする会社も増えてくるかもしれない。しかし、いずれにしても八五歳までは雇ってはもらえない。だとすれば、八五歳まで収入を得るための方法を考えなくてはならない。

その方法は二つある。一つはなんらかの仕事をすること。もう一つは投資である。

仕事では、以前よりも高い収入を得ることは難しいだろう。投資は、ローリスクでいきたいから得られる利益は限られる。だから、どちらかに偏《かたよ》るのではなく、両方をバランスよくこなしていくことを考えたい。

逆転可能な第二ステージ

かつてバブル景気に浮かれていた五〇代と違い、いまの若者たちは早くからシビアに老後を考えている。

その彼らが「出世なんかしなくてもいい」と言い始めている。これはどういうことなのだろう。もしかして彼らには、五〇代が思いつきもしなかったことが見えているのではないだろうか。

若者たちは、「残業をするくらいなら、給料は下がってもいいからプライベートを充実させたい」と言う。五〇代がこれを聞けば、「給料が少なくては、余計に老後が大変ではないか。やつらの言うことは矛盾している」と感じるに違いない。

しかし、会社でがむしゃらに働いて、ほかの同期よりも出世して高い給料をとってみたところで、その給料ではとうてい一〇〇歳まではフォローできない。会社からの収入以外で、人生のお金をまかなわなければならない時代になったのだ。

おそらく、いまの二〇代はそれをわかっているのだ。

彼らは「もっと独自のスキルを磨《みが》かねばまずい」と感じ、そのための時間を大事にしているのだろう。あるいは、「最後は人と人とのつながりが重要だ」と、コミュニティで活動することを優先しているのかもしれない。

いずれにしても、彼らの言うところの「プライベートを充実させたい」は、けっしてチンタラ遊んで過ごしたいということではない。一〇〇歳時代を見据《みす》えたとき、若者たちから学ぶところは大きいのだ。

もちろん、「会社命で頑張って部長になった」人と、「プライベート重視であまり出世できなかった」人では、いま現在の比較では、社会的にも金銭的にも前者が勝《まさ》っている可能性が高い。

しかし、プライベートな時間を使い、高齢になって生かせる資格などを取っていたとしたら、今後は後者が圧倒的に有利になる。

つまり、私が言いたいのはこういうことだ。

もし、あなたが会社の出世競争で負け組に入っていたとしても、そんなことはもはや関係ない。大事なことは、これからどういうキャリアプランを立てるかだ。

一方、もし、満足できる肩書を持っていたとしても、そんなものにはなんの価値もない。

言ってみれば、一〇〇歳時代は、五〇歳から逆転可能な第二ステージが用意されているのだ。

いまの仕事は、一〇年後にないかもしれない

八五歳までお金を得ようと考えたときに、まず取り組んでもらいたいのが、「会社の名前を外して自分になにができるのか」という棚卸《たなおろし》だ。この「会社の名前を外して」という部分が非常に重要になってくる。

働き盛りの男性は、とかく「自分がいないと仕事が回らない」と思い込むが、そんなことはない。それは「その人」の仕事ではなく会社の仕事だから、会社の誰がやっても回るのだ。

そういう会社の仕事をもとにして「私は○○ができます」と主張しても、まったく売りにならない。いまの会社の仕事としてではなく、新しい場に行ってもそれができるかどうかが問われている。

そして、できたとしても、「それが新しい場で求められ役立つもの」でなければ意味がない。

再就職のための面接でなにができるのかを聞かれ、「部長ができます」と答えた笑い話がある。しかし、笑ってばかりもいられない。実際に、「マネジメントができます」と主張する人がいるのだ。

もちろん、これまでの仕事の延長でお金が儲《もう》けられたら有利だ。たとえば、その業界でのコンサルティング業などを始めたり、個人で仕事を請《う》け負うようなケースだ。それができれば、いままで以上に稼ぐことだって可能かもしれない。

しかし、そんな夢のようなことばかり言っていられない。私は、まったく新しい仕事も視野に入れたほうがいいと思っている。

それに、これからＡＩが多くの仕事に取って代わるのは明白だ。いまのあなたの仕事が一〇年後にもあるとは限らないから、いつまでも同じことをやっているのはかえってリスクが高いとも言える。

いま、流通業界では運転手不足が深刻になっており、六五歳を過ぎても大型免許を持っていれば仕事はたくさんある。しかし、それだって自動運転が実現すればどうなるかわからない。

一方で、ＡＩの登場により時代が変われば、まったく新しい仕事も生まれるだろう。なくなる仕事もたくさんあるが、いまは想像もつかない新しい需要も出てくる。

問題は「それに乗れるかどうか」だ。

いつ、なにが来ても乗れる人間であるためには、勉強が不可欠だ。「これから、どういう世の中になって、どういうスキルが求められるか」ということ自体も学ばなければならないし、プログラミングや英語の学習も不可欠になろう。

プログラミングは小学校の授業にも取り入れられるようになったが、五〇代で身につけている人は少ない。だからこそ、五〇代から学んだら強い。

八五歳まで仕事をするために不可欠な要素は、自分のスキルをアップし続ける努力である。

起業家的に生きることが必要

イギリスの社会福祉政策のスローガンに、「ゆりかごから墓場まで」というのがある。かつての日本企業も、墓場の手前くらいまで面倒を見てくれた。しかし、そんな時代はとうに終わった。

同じ会社の同じ部署に机を並べている同僚であっても、その一人ひとりが、自分で自分の人生を設計する必要がある。あたりまえの話なのだが、日本のサラリーマンには一番苦手なことだ。

これからは、日本企業においても「副業ＯＫ」が常識になっていく。「ほかの仕事などしたら、会社に対して申し訳ない」などと考えるのはトンチンカンだ。いつまでも会社にしがみついていないで、自己責任で仕事を探してくれることを会社は願っているのだ。

もちろん、会社の仕事に悪影響を与えるような形で副業に手を出してはまずい。あなたのクビを切る口実を会社に与えてしまったら元も子もない。

しかし、「忠実に振る舞っていれば、会社が将来も助けてくれる」ということは絶対にない。意味もなく「忠誠を誓う残業」などをしていないで、次の仕事への一歩を踏み出すべきだ。

少なくとも、土日のいずれかは学び直しに使おう。

平日の夜にビジネススクールに通ってもいいだろう。

インターネットを用いた「週末起業」もおすすめだ。

八五歳まで働かねばならない時代に必要なのは、「起業家的な発想」である。

サラリーマン時代には、それはかえって嫌がられたかもしれない。しかし、どんな小さなものであっても、なにか副業をやろうと思ったら、あなたが自分ですべて判断していかねばならない。成功も失敗もあなたにかかっていて、ほかの誰も責任を取ってくれない。そういう経験をいまから積んでおくほうがいい。

それによって起業家の視点を持てれば、「こういう人材なら欲しい」ということもわかる。どこかの会社で採用してもらう際にも有利に働くし、長く必要とされる人間になれる。

いつまでもサラリーマン時代の感覚で、受け身の指示待ち族でいることは、最悪の手なのだ。

具体的に動いてみよう

一口《ひとくち》に「副業」と言っても、大小いろいろある。いまの会社に勤めながらできることはたくさんあるのだ。

たとえば、土日にコンビニでアルバイトをするのも立派な副業だ。コンビニのアルバイトが八五歳までできるかどうかはわからないが、「二重に働いてみる」という経験は重要な意味を持つ。

大事なことは、頭であれこれ考えているだけでなく「実際に動く」ことだ。

ハローワークに出向いて高齢者雇用の情報を集めたり、先輩たちから話を聞くのもいい。そうしたことすべてが、長く勤めた会社から、軸足《じくあし》を徐々にほかに移していくための準備運動のようなものだ。

繰り返し述べるが、八五歳までの仕事は、自分から求めなくては誰も与えてくれない。そして、その仕事がいまの会社のそばに転がっているという幸運はめったに起きない。

思い切って、まったく縁がなかった場へ足を向けることも必要になってくる。そこで、「どこにどんな仕事があるのか」をじっくり眺《なが》めてみよう。

ファストフードの店などでも、最近は高齢者が働いている。そういう風景を他人事として捉えるのではなく、「自分もできるかな」とシミュレーションしてみよう。それらの積み重ねがあってこそ、より自分にマッチした仕事を探せるようになる。

「〇〇社で部長まで務《つと》めたこの俺が……」という変なプライドは捨てたほうがいい。過去に縛られず、どんな状況においても自分の人生を支えていける人が、格好いいのである。

そういう人になるために、いまからどんどん動いてみよう。

安易《あんい》な早期退職は危険

起業家的な発想で副業に手をつけていくなかで、「だったら、会社を早く辞《や》めて、そちらに注力したほうがいいのではないか」と思うかもしれない。「六五歳まで勤めても給料は減らされるばかりだし、早めに辞めてしまえば退職金も上積みされるからかえって有利じゃないか」と。

しかし、安易な早期退職はしないほうがいいと私は思っている。額面は下げられても、受け取れる給料はできる限り受け取っておいたほうがいい。そのうえで、副業を考えるのが得策だろう。

あなたには無縁の話だと思うが、ニセのヘッドハンターを使ってまで社員を辞めさせようとする会社がある。

ある日、「いい条件であなたのスキルを求めているところがある」とヘッドハンティングの声がかかる。喜んで会社を辞めた後で、そのヘッドハンティング話はなんだかんだと理由をつけられて流れてしまうのだ。

それほどひどくはなくても、リストラ部屋を設けている企業は多い。主に五〇代の社員を窓もないような部屋に詰《つ》め込《こ》み、仕事らしい仕事を与えない。社員はプライドがずたずたになって、思わず「辞めたい」と言ってしまう。会社はそれを待っているというわけだ。

いずれも名だたる大企業がやっていることだ。嫌な話だが、企業も必死なのだ。

あなたが社会人になった頃は、まだ終身雇用があたりまえの雰囲気があったろう。しかし、グローバル化による競争を余儀なくされている日本企業には、まったく余裕はない。みっともないこともやっていかねば生き残れない。

そういう状況にあることを理解し、こっちも必死になって取れるものは取っておくべきだろう。

もとより、日本人は会社への従属意識が強すぎたのだ。「やっと自分らしく生きられる時代が来た」くらいの気持ちで、まだまだ先の長い人生を、自らの意思で構築《こうちく》しよう。

金融リテラシーを身につけよう

一〇〇歳までの人生を充実させるために、あなたが独立心を持たなければならないのは「会社」からだけではない。何事につけ「おまかせ」ではいけない。

とくに金銭的なことは、徹頭徹尾《てっとうてつび》、自分で責任を負《お》っていかねばならない。

五〇代半ばに差し掛かる男性が、泣く泣くマイホームを手放した。ローン返済に行き詰《づ》まったのだ。

有名企業に勤める彼は、三〇代後半で郊外に庭つきの一戸建てを買った。そのときに、ある都市銀行で三五年ローンを組んだ。その銀行を選んだのは、会社の取引銀行でもあり、有名で「信用できるから」だ。

よく調べれば、もっと条件のいいローンを組んでくれる金融機関があったし、借り換えなどで返済額を減らせることもできたのだが、「信用している」ため、なにもしなかった。

銀行にしてみれば、なるべく長く自分のところでローン返済してもらったほうがいいから、とくになにも言わずにきただけのことだろう。

ときどき繰り上げ返済はしてみたものの、それでも定年過ぎまでローンが残る。彼は退職金を使って返済しようと考えていたが、相談したファイナンシャルプランナーに強く反対された。

「そんなことをしたら、明らかに老後資金が不足します。家を売ってお金に換《か》え、それを退職金と合わせ老後に備《そな》えたほうがいいです」と言われたのだ。

客観的に見れば、ファイナンシャルプランナーのアドバイスは的《まと》を射《い》ている。子どもたちはすでに独立しており、夫婦二人なら一軒家でなく部屋数の少ない賃貸マンションや、公団住宅などで暮らすことができる。もちろん、家賃はかかるが、なんとか工夫していける範囲だろう。

一方で、いくら立派な家があっても、現金がないのではどうしようもない。食費や医療費など、家の畳《たたみ》からは湧《わ》き出てこない。

それに、持ち家であればこその出費も無視できない。水回りなどを中心に、老朽《ろうきゆう》化に伴う修繕費が必要になってくる。

そういうものに縛られず、とにかくなるべく多くのお金を手にして、家賃の安いところで暮らすべきだというファイナンシャルプランナーのアドバイスに従ったわけだが、思い入れのある家を手放すのはつらかったようだ。

五〇歳を過ぎてから、彼のような目に遭《あ》う人は多い。自分の仕事における能力は高いのだが、おそらく金融リテラシーが低いのだ。

彼らは、預金に関しても、保険に関しても、金融機関の言うままになっている。

もちろん、金融機関は「嘘《うそ》」は言わない。しかし、その人にとって一番いい提案をいつもしてくれるわけではない。それは、その人自身の重要な仕事である。

もっと「お金」について勉強しよう。

投資に対する偏見を捨てよ

高名な女性ファイナンシャルプランナーが、「日本人はどうしてもっと投資に積極的になれないのだろうか」と嘆《なげ》いていた。彼女によれば、うまくやれば投資は「自分の分身としての稼ぎ手」になってくれる。自分が別の仕事をしている間に、もう一人の自分がお金を稼いでくれるのに、それを生かさない手はないというのだ。

投資というと、多くの人が株やFXなどを思い浮かべることだろう。そして「そんな危ないものに手を出さないほうがいい」と考える。

その考え自体は間違っていない。私も、大事な老後資金をハイリスクな投資に充《あ》てることはすすめない。

しかし、これだけ低金利の時代に定期預金などに頼っていたのでは、あまりに覚束《おぼつか》ない。せめて投資信託や保険商品などに目を向けていくべきだろう。

月に二～三万円でも投資によって利益が得られれば、精神的にもずいぶん余裕が出てくる。そのうち半分は貯蓄に回し、半分は生活を楽しむことに使ってもいい。

一万円あれば、夫婦で映画を見てランチが食べられる。近場にハイキングに行ったなら、おつりがくるだろう。

まずは、月に二～三万円の儲けを目標にしてはどうだろうか。

私がこういう話をすると、「では、いよいよ仕事がなくなったら投資もやってみましょう」と言う人がいる。でも、それでは遅いのだ。

比較的安全と言われる投資信託などであっても、もちろんリスクはある。失敗したときに損をするのは、あなただ。

そういう投資には、ある程度の「慣れ」が必要で、それをなるべく早くから経験しておくほうがいい。かなり高齢になってからでは、勘も鈍ってくるし、おかしな投資話などに引っかかりかねない。

いつの時代も「投資詐欺《さぎ》」はなくならないが、被害者の多くが高齢者だ。しかも、過去に投資の経験を持たない人がほとんどだ。

彼らは「元本が保証されないような危ない投資には手を出さない」という方針で生きてきた。だからこそ「元本保証の素晴らしい話があります」という言葉にコロッと引っかかってしまう。少しでも投資経験があれば、「そんなおいしい話があるわけない」ということがわかるのだが。

彼ら被害者は、もとは普通のサラリーマンや主婦で、お金の計算が苦手なわけではない。ただ、投資というものについてあまりにも無知なのだ。無知なままで年齢を重ねてはいけない。投資について勉強し、少しでも早いうちから経験を積んでいこう。

自分年金をつくる

国からの年金はこれからもどんどん減らされ、かつ支給開始年齢が先送りされる可能性が高い。自助努力で「自分年金」をつくりだしていく覚悟が必要だ。金融機関に出向けば、年金型の保険商品などもいろいろ紹介してくれるから、なるべく早いうちから検討しておこう。

ちなみに、二〇一七年一月より「個人型確定拠出年金（iDeCo《イデコ》）」の制度が改正され、日本人ほぼ全員が加入できるようになった。

中堅資材メーカーに勤務する四四歳の男性は、年収が約四〇〇万円。もともと退職金もあまり期待できないこともあり、この制度について調べてみた。

すると、将来の年金づくりという側面のほかに、大きなメリットがあることに気づいた。自分のケースで試算してみると、iDeCoに加入することで一年間に七万二〇〇〇円の節税が可能になることがわかったのだ。

また運用成果に対して税金がかからないこともあり、加入するのとしないのとでは雲泥《うんでい》の差があることがわかったため、早速iDeCoの口座を開設したという。

この男性の事例を見るまでもなく、国にはさまざまな税制度がある。それらは年収や家族構成などによって細かく制定されており、改訂もたびたび行なわれている。しかし、変わるたびに懇切丁寧《こんせつていねい》に私たちに報告してくれるわけではない。自分から「知り」に行かねばダメなのだ。

また、民間の保険商品でも新しいものが次々と出てくる。安易《あんい》な乗り換えは手数料がかかるばかりなので避けたいが、「いったんどれかに加入すればそれでよし」というものでもない。絶えず、新しいものと比較検討していく積極的な姿勢が必要だ。

要は、自分年金を確保していくには「情報弱者」でいてはならないということだ。

つまらない「脱税」に注意

国や自治体は税金で成り立っている。だから、税務署は非常に厳格な仕事をする。彼らからしてみれば、税金をきちんと納めないということは国家の基盤を揺るがす犯罪であり、どんな小さなものも見逃さないという姿勢を貫《つらぬ》いてくる。

ところが、サラリーマンであるうちは給料から自動的に税金が引かれる。だから、ずっとサラリーマンできた人は、税務署に対する認識が甘い。それが、のちのち大きな災《わざわ》いを引き起こすことにもなるから注意してほしい。

一〇〇歳時代に、つまらぬことで大切な資金を減らさないためにも、税金には徹底して「清廉潔白《せいれんけつぱく》」でいたほうがいい。節税と脱税を間違えてはいけない。

たとえば、生前贈与《ぞうよ》の制度についてはあなたも知っているだろう。

いまは、子どもだけではなく二〇歳を過ぎた孫にも生前贈与ができる。このときに、贈与を受ける対象一人につき、年間一一〇万円の基礎控除が認められている。逆に、年に一一〇万円を超えたなら申告して贈与税を支払わねばならない。

しかし、年間一一〇万円を上回った額面を贈与しても、税務署のほうからはなにも言ってこない。よほど大きな額面を動かせばべつだが、国民一人ひとりの銀行口座を洗っているほど税務署は暇《ひま》ではない。

だから、八〇歳になる親が五〇歳の息子の銀行口座に、毎年三〇〇万円ずつ五年間お金を振り込んでも、まず税務署は反応しない。

そこで、「なんだ、大丈夫じゃないか。正直に申告する必要なんてないんだ」と考えると後から大変なことになる。

いずれ父親が亡くなれば、相続が生じる。そこで初めて税務署は、この家族の資産について調べる。そして、過去の不自然なお金の流れを把握する。

「三〇〇万円ずつ五年間、計一五〇〇万円があなたの口座に振り込まれていますね。これは贈与と見なされますが、その当時申告をされていませんね。よって贈与税に加えて追徴《ついちょう》課税されます」

といった厳しい宣告をされる。泣いてもすがっても許されない。

もし、このときにすぐに税金を支払うことができなければ、さらに遅延による追徴課税がなされ雪だるま式に支払額が増えていく。

贈与税に限らない。所得税や住民税などあたりまえに課される税金を後回しにしてはならない。まず支払うべきものを支払い、そこから生活費を捻出《ねんしゅつ》する習慣をつけないと老後破綻しかねない。

負の遺産を抱え込むな

いま、自宅の土地を用いてアパート経営を始める高齢者が増えている。

長年暮らした家が古くなり、子どもたちも独立した。リフォームをしたいところだが、老後資金を目減りさせることは避けたい。こんな迷いを抱えている夫婦に建築業者からおいしい話が持ち込まれる。

「どうせなら建て替えをして、一部をアパートとして賃貸に回してはどうですか。毎月、賃料が入ってくれば老後も安心でしょう。アパート経営のノウハウは弊社が丁寧にお伝えしますし、ローンなどの相談にも乗りますから」

さらには相続税対策にもなると聞き、家賃収入シミュレーションなども見せられて、思わずその話に乗ってしまうのだ。

しかし、たいていは失敗する。建築業者は、自分たちが仕事を請け負ってお金が取れればそれでいいのだ。口では調子のいいことを言うが、その後のことなど考えてはくれない。

そもそも、人口減少の時代に、よほどの好立地でない限り部屋は埋《う》まらない。きれいな新築のうちなら喜ばれても、すぐに空《あ》きが出るようになる。

一方で、ローンは返済を続けなければならないし、住人が入れ替わるたびに、いろいろな修繕費も必要になる。それら出費が、家賃収入を上回ることになれば地獄を見る。そのときになって、「やらなければよかった」と悔いても遅い。

悪質な業者は、「家を元手にして一億円の資産がつくれます」などと誘うが、その資産には負債も入っている。

あらゆる資産について、プラスの側面とマイナスの側面があることを忘れてはならない。ただ「資産を増やせばいい」というものではない。とくに、親からの相続が発生してくる年齢になったら、「負の遺産」についても知っておく必要がある。

群馬県のある市内に家を所有していた八〇代の男性が亡くなった。男性には二人の子どもがあり、長男がその家と土地を相続した。その代わり、次男である弟には預金を相続してもらった。

預金は三〇〇〇万円ほどだったので弟はなかなか納得してくれなかったが、「長男だから」という理由で押しきった。

定年後は、その家に移り住むつもりで相続したものの、いざとなると妻に反対された。「不便な場所だから嫌よ。売ればいいじゃないの」と言うのだ。

ただ、「古い家付きではなかなか売れない」と不動産屋に指摘され、更地にする作業が必要になった。

父親は庭を大事にしており、大きな石や太い松の木などがあり、その処分が大変だった。ゴミの処理も入れると、軽く二〇〇万円を超える出費となった。

ところが、そこまでして更地《さらち》にしたのに、なかなか希望額での買い手がつかない。

しかも、更地は建物がある土地よりも固定資産税が高い。いたずらに出費ばかりが増えることに焦《あせ》りが募《つの》り、思わぬ安値で売り払うことになった。

それまでにかけたお金を考えれば、プラスマイナスゼロ。これでは、なんのために家を相続したのかわからない。結果的に、預金を受け取った弟のほうが得をしたことになる。

不動産を相続したために、負の遺産を背負う人が増えている。

とくに、地方へ行けば行くほど、土地や家の需要が少ない。そうした場所にある家を相続しても、売ることもままならない。ままならないが、その所有者である以上、草ぼうぼうにしておくわけにもいかない。まさに頭痛のタネである。

一〇〇歳まで生きるために、「受け取れるものはなんでも受け取っておきたい」と考えるのも当然だ。しかし、負の遺産を抱え込まない知見も必要なのだ。

お金の出入りを把握する

ある共稼ぎ夫婦には子どもがおらず、五〇代になったいまも友人のように仲良く暮らしている。それはいいのだが、お金に関してまで、いつまでも友人のようなのだ。夫も妻もサービス業で、似たような給与体系の会社で働いている。だから、お互いの収入や預金はだいたい想像がつく。あくまで「だいたい」であって、詳しくは知らない。

隠し合っているわけではないが、「家賃は夫が、食費などは妻が」と役割分担してきた結果、いつの間にかそうなった。

老後のことを考えたら、そろそろはっきり話し合って、きちんと計画を立てていきたいが、なぜかもじもじしてしまうのだと言う。「もし、相手より自分の貯金がひどく少なかったらどうしよう」と夫のほうは心配している。

気持ちはわかるが、そんなことは言っていられない。多少のドラマは覚悟のうえで腹を割って話し合ったほうがいい。

お金のことはとても大事なのに、それを口にするのは恥ずかしいことのように考えてしまう風潮《ふうちょう》が日本人にはある。しかし、恥ずかしいと考えること自体が恥ずかしいと思うのだが、はたしてどうだろう。一人前の大人なら、自分の生活を支えるお金について責任を持つのが当然だ。

とくに、老後資金を真剣に確保しなくてはならない五〇代になったなら「自分たちがいくら持っていて、いくら使っているのか」くらいは夫婦で把握しておこう。

とはいえ、なにも細かいことをする必要はない。お互いが使ったお金について、レシートをスマホのカメラで撮影しておくだけでもいい。それを月末に眺《なが》めてみれば、おおまかな出入りがわかってくる。自分たちの傾向がわかってくれば、切り詰めるポイントも見えてくる。

ある男性は、立派なノートを用意して「今日からお金の収支をすべてここに書き込む」と張り切っていたが、一カ月ももたずに挫折《ざせつ》した。人間は面倒なことはしたくない生き物なのだ。

それに、目的は収支を把握することであって、ノートをつけることではない。ハードルはできるだけ低くして、「継続すること」を重視しよう。

スモールゴールで勉強を

八五歳までお金を稼ぐためには、学び直しが必要だと述べてきた。これからの時代、自分を磨く努力をし続けなくては生き延びることが難しくなる。

しかし、学ぶときの目標設定はあまり高くしないほうがいい。あくまで目的はお金を稼ぐことであって、勉強は手段でしかない。頑張りすぎるとかえって挫折する。

大きな目標を掲げているときは気分が高揚《こうよう》しているが、たいていの場合目標倒れに終わってしまう。

だから、行動科学マネジメントでは、最初からあまり大きな目標は立てない。確実に達成できるスモールゴールを設定し、それを繰り返すことで大きなゴールに到達するという手法をとる。

なにか資格を取るにも、いきなり無理をすれば失敗してへこんでしまう。それよりも、射程距離にあるものから徐々に手にしていくことによって成功体験が自信をもたらし、次の目標も確実に達成させてくれるだろう。

あるいは、勉強そのものについてもスモールゴールは活用できる。

たとえば、資格取得のために分厚《ぶあつ》い六〇〇ページの参考書を読む必要があるとしよう。「六〇〇ページの参考書を読もう」と考えたら、それだけでうんざりしてしまう。

そこで、その参考書を一〇ページずつの六〇冊に分けてしまうのだ。

できれば本当に分解してしまうのが理想だが、無理なら大きな付箋《ふせん》などを貼って明確に分けておく。そして、毎日一〇ページずつ読んでいく。このスモールゴールを二カ月続ければ、確実に最後まで読破できる。

時間で区切るのもいい。

「行き帰りの通勤電車で、毎日二〇分は英単語を覚える時間をつくる」

「毎朝、七時からの三〇分を専門書の読書に充てる」

このくらいの短いスモールゴールを設定する。

たとえ、一日二〇分でも、月曜から金曜までの平日で一年間続ければ約八〇時間にもなる。それを、「土日を使って八時間ずつやれば一〇日で済む」などと欲張れば無理がくる。

まずは簡単なことをクリアして、まだ余裕があれば追加していくというやり方をしたほうが現実的だ。

環境づくりが大切

最近、出勤前にカフェで勉強している人が多い。私の知人女性も、二年近く出勤前の勉強を続け、見事に宅建（宅地建物取引士）の資格を取得した。

もともと彼女は、私のセミナーの受講生だった。大手マンション販売会社に総合職として入社しており、キャリア形成のためにも宅建の資格が欲しかったようだ。

ただ、日々の仕事で忙しく、なかなか勉強時間が確保できない。そこで、朝の時間を活用しようと考えた。

ところが、せっかく早く起床しても、どうしても眠気に勝てない。

「いったん起きて机に向かっても、ついまたベッドにもぐりこんでしまうんです。この意志の弱さをどうしたらいいでしょう」と相談してきたのだ。

そこで私は、こう提案した。

「とにかく家を出ること。なるべく早くベッドのない場に移動すること」

彼女は意志の弱さを嘆《なげ》いているが、誰だって眠いときに目の前にベッドがあれば誘《ゆう》惑《わく》に勝てない。そんな環境で勉強しようとするほうが無理なのだ。

私のアドバイス通り、彼女は、朝起きたら、身支度を整えてすぐに家を出るようにした。そして、カフェで朝食をとりながら勉強したのだ。

早く家を出ることで、ラッシュ前の電車に乗れるようになった。座れはしないが、本を読む空間は確保できる。そこで、行きの電車内で参考書を読み、カフェについたら練習問題を解くという方法がとれた。

やろうと決意したことができないとき、人は「意志の問題」だと考える。そして、弱い自分を責める。しかし、もともと人間は怠《なま》け者にできており、意志の力などほとんどないと思ったほうがいい。

行動科学マネジメントでは、意志については取り扱わない。単純に「やろうと決意していることがやりやすい環境を整える」ことに注力する。

もし、あなたが「寝る前に勉強しようと思っているのに、ついテレビをつけてしまう」と悩んでいるなら、テレビの電源自体を抜いてしまうとか、リモコンを隠してしまえばいいのだ。

自分へのご褒美《ほうび》を

勉強は、一週間ばかり頑張ってみたところで大きな収穫は得られない。仕事のスキルをアップするにしろ、金融リテラシーを身につけるにしろ、継続して学んでこそ結果につながる。

しかし、人は継続が苦手である。

行動科学マネジメントでは、人がなにかを成し遂《と》げられないとき、そこには二つの理由があると考える。

一つは、そのやり方自体がわからないというもの。

もう一つが、やり方はわかっているが、継続できないというものだ。

そして、多くが後者なのだ。

人は、新しいことを始めてもすぐに飽《あ》きてしまう。それは意志が弱いからではなく、そもそも人間がそういう生き物だからだ。

そんな自分に、望ましい行動を繰り返してもらうためには、それなりの仕掛けが必要だ。「もうやりたくない」という気持ちに勝《まさ》るなにか、すなわち、継続したときのご褒美を用意すればいいのだ。

ご褒美は大げさなものでなくていい。

「あと三〇分、集中できたら、冷えたビールを飲もう」

「英単語を五つ覚えたら、好きなＤＶＤを見よう」

こういう、ちょっとしたものでいい。

そして、分厚い資料本を読破《どくは》するとか、実際に試験に合格するといったゴールに到

達したときには、買い物や旅行など、もう少し大きいご褒美を用意しよう。
大事なことは、いかにそこに楽しい要素を入れるかだ。
会社に決められることではない。あなたが自由に考えていいのである。

【エピソード①　共働きを続けることにした菊池さん】

大学卒業後、中堅の広告代理店に就職した菊池博隆さん（仮名）は、自由な独身生活を満喫したのち四〇歳を過ぎてから結婚した。

四歳年下の妻は百貨店でバイヤーをしており、仕事を通して知り合った。

結婚して間もなく子どもができたが、妻は仕事を辞めることなく産休取得のみで乗り切った。ただ、高齢での出産だったために、体力的にかなりきつかったようだ。

菊池さんも育児や家事を分担したので、それなりに大変だった。お互いにイライラしてぶつかることもたびたびあった。

そんな記憶があるから、二人目の子どもを妊娠したおりに、夫婦で話し合って妻は退職することに決めた。夫の稼ぎだけでやっていけそうだし、妻自身も「しばらく仕事はいいかな」という気持ちに傾《かたむ》いていたようだ。

そう決定したうえで、これからの資金プランについてファイナンシャルプランナーにアドバイスを仰《あお》いだ。子どもの教育資金など、これからどれくらいかかりそうか聞いておこうと考えたからだ。

すると、妻が仕事を辞めることに大反対されてしまった。というのも、妻が仕事を辞めたケースで試算してもらうと、どう計算しても、七〇歳くらいで家計が破綻することが明白だったのだ。

そこで、再び話し合い方向転換。第一子のときと同じように、妻は産休で対応して仕事を続けることにした。

ただし、前回よりもさらに体力が落ちていることを考慮し、積極的にお互いの実家の助けを借りることにした。正直になんでも頼んで、育児や家事の手伝いをしてもらったのだ。

おかげでストレスが少なく、前回より夫婦で協力できることが増えた。

妻の同僚には、結婚や出産を機《き》に仕事を辞めていった女性が多い。そうした昔の仲間と会って話をすると、「辞めなければよかった」という声を多く聞く。「子どもの手が離れたら再び働こうと思っていたものの、なかなか以前のようにいい条件の仕事がない」というのだ。

そういう声を耳にするにつれ、「あのとき、ファイナンシャルプランナーに相談して本当によかった」と菊池さん夫婦は胸をなでおろしているところだ。

第2章

頭と体を健康に保つ

八五歳の現実

かつて五〇歳にも到達しなかった日本人の平均寿命が、やがて一〇〇歳を超えようとしている。それには、医学の進歩に加え、国が豊かになって人々の栄養状態が改善したり、健康に関する情報が増えたということも寄与《きよ》しているだろう。

人生五〇年ではあまりにも短く、長生きできるようになったことは喜ばしい。一〇〇歳まで生きられそうだということ自体は、嬉《うれ》しいニュースとして受け止めている読者も多いことだろう。

しかし、それは「健康で」という前提があっての話だ。寝たきりになったり、ボケて周囲に迷惑をかけながら、一〇〇歳まで生きたいというわけではないだろう。

つまり、私たちは一〇〇歳まで健康でいなければならないわけだが、それは簡単なことではない。八〇歳までならともかく、一〇〇歳となると私もいささか自信がなくなる。

私の周囲を見回しても、七〇代までは元気な人が多い。スポーツクラブのプールは、七〇代と思《おぼ》しき人たちで溢《あふ》れている。初心者向け登山スクールなどにも、七〇歳を超えてから参加してくる人がたくさんいるという。

大きな病気にさえかからなければ、七〇代は「まだまだいける」のだ。ところが、八〇歳の声を聞くようになると、それが怪《あや》しくなってくる。

〈図3〉（82ページ）は、厚生労働省保険局がまとめた年齢階級別の一人当たりの医療費だ。七〇代後半から大きく上昇して、八〇代後半になると年間一〇〇万円を突破してしまうのがわかるだろう。

さらに、内閣府の意識調査、厚生労働省の「国民生活基礎調査」から、グラフを二つ掲載したので見てほしい。

〈図4〉（83ページ）は、日常生活に影響を及ぼす健康上の問題を抱えている人の割合を示している。八〇歳以上になると、41・1％が、健康上の問題で日常生活に不便を感じていることがわかる。

〈図5〉（84ページ）は、自分の健康状態に関する意識についてだ。

〈図3〉 年齢別1人当たり医療費(2014年度)

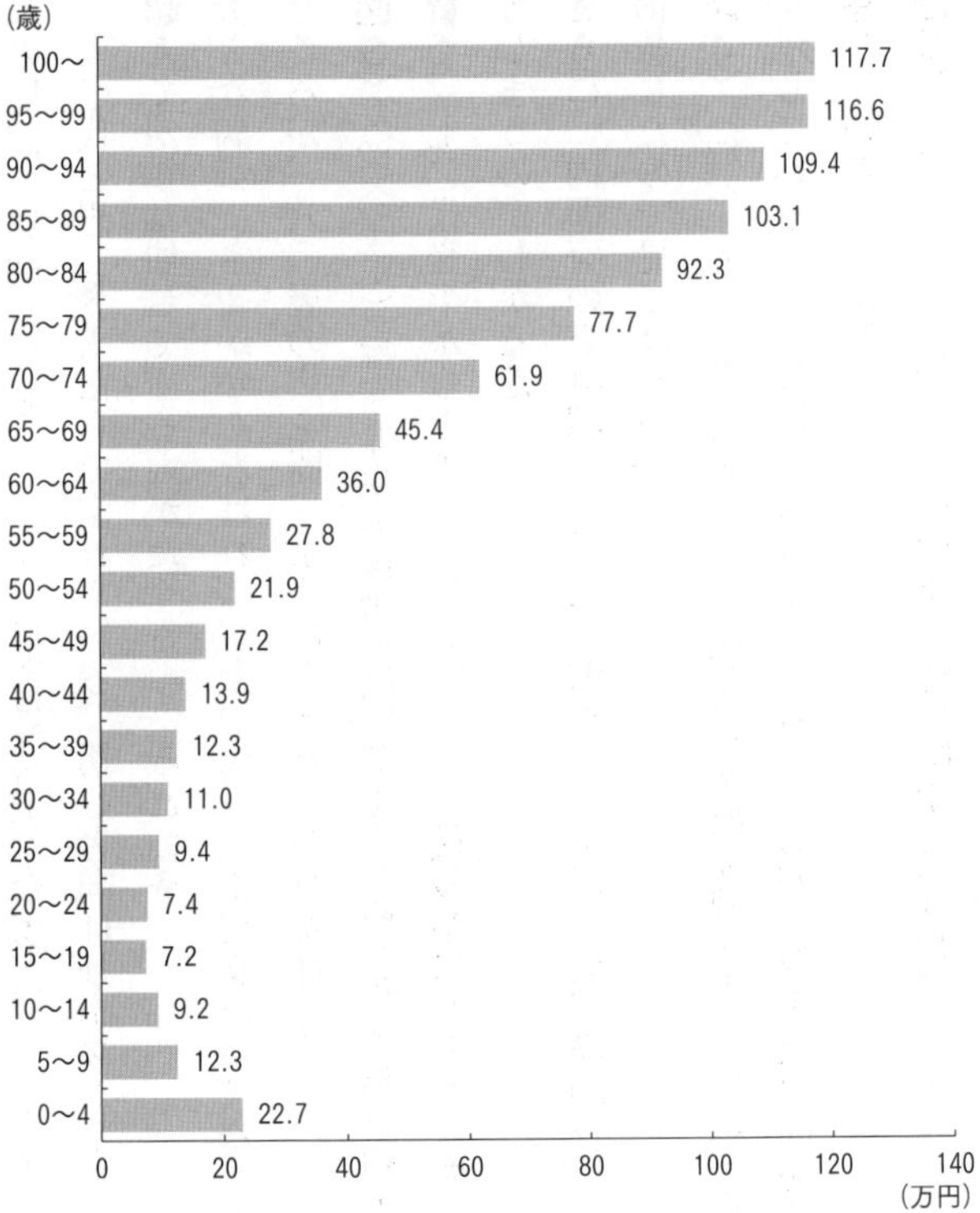

「医療給付実態調査報告」(厚生労働省保険局)等より作成

〈図４〉日常生活への影響

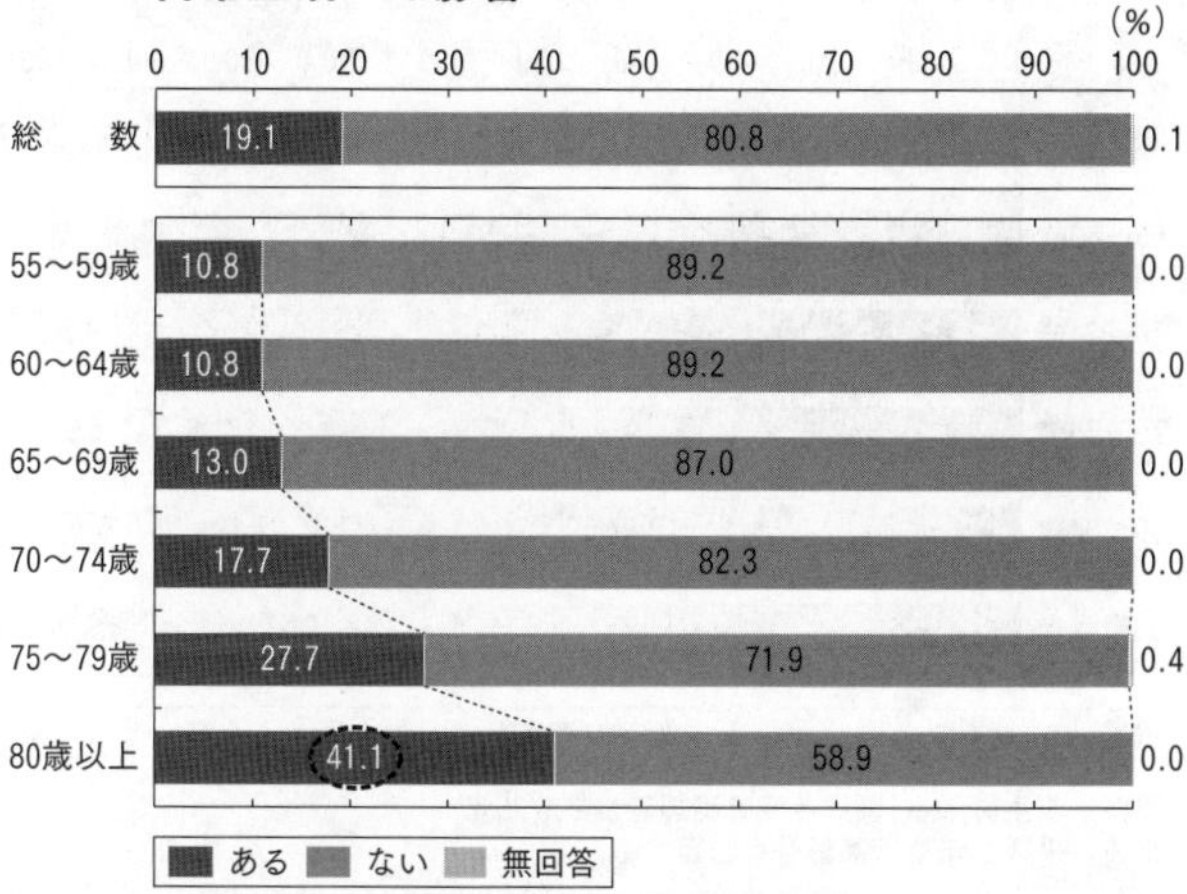

資料：内閣府「平成24年度高齢者の健康に関する意識調査」
（注）　1. 全国の55歳以上の男女が対象（有効回収数：1, 919人）
　　　2. 設問は、「あなたは現在、健康上の問題で日常生活に何か影響がありますか。」
出典：平成28年度版厚生労働白書

六五歳未満では「あまりよくない」「よくない」の合計は13・8パーセントに過ぎなかったが、八五歳以上では四割近くに増える。

八五歳まで働いて、一〇〇歳まで人生を謳歌するには、健康管理が相当、重要になってくることは言うまでもない。

健康寿命を延ばす

あなたは「健康寿命」という言葉を知っているだろうか。平

〈図5〉 健康状態に関する意識

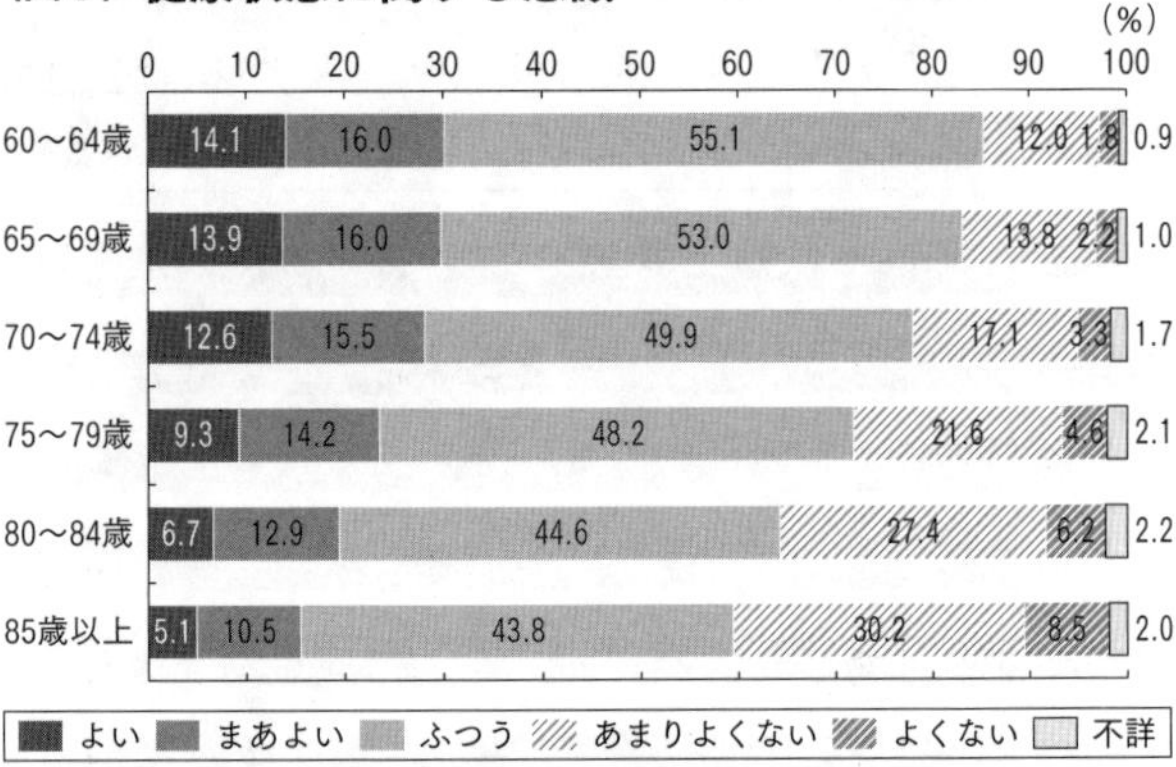

資料：厚生労働省「国民生活基礎調査」(平成25年)
出典：平成27年度版高齢社会白書

均寿命は、単純に命が終わるまでの年月だが、健康寿命は介護などを必要とせずに自立して暮らせる年月を指している。

〈図6〉を見てほしい。

二〇一三年の平均寿命は男性八〇・二一歳、女性八六・六一歳であるが、健康寿命に関しては男性七一・一九歳、女性七四・二一歳となっている。つまり、平均して男性で約九年、女性では一二年以上の「健康ではない」歳月があるのだ。

しかも、これはあくまで平均である。もっと長い間、寝たきりになって人生の最後を過ごしている人もたくさんいるということになる。

〈図６〉健康寿命と平均寿命の差（男女別：2013年）

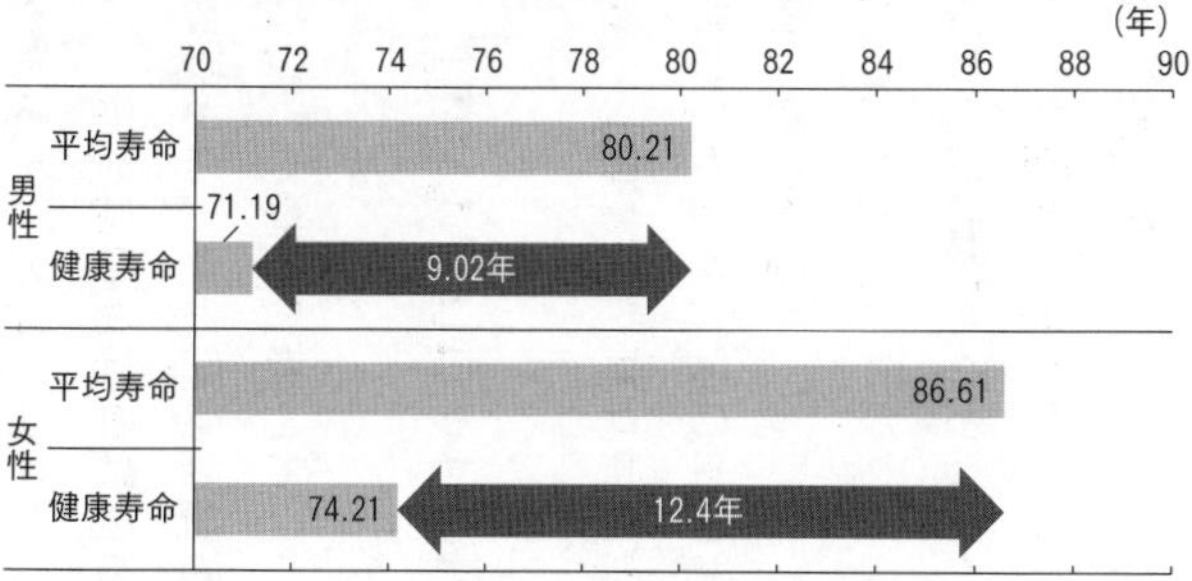

厚生科学審議会「健康日本21（第二次）推進専門委員会」の資料より作成

私たちの平均寿命が一〇〇歳になったときに、はたして健康寿命はどこまで延びてくれるだろうか。一〇〇歳時代には、健康寿命を限りなく一〇〇歳に近づけていくことが望まれる。

しかし、なかなか希望的観測ができない。というのも、健康寿命という言葉すら知らない人が多いのが、いまの現実なのだ。二〇一一年の厚生労働省の調査では「言葉も意味も知っている」人はわずか二割。「言葉も意味も知らなかった」人が65・5パーセントもいるのだ。

その低い意識のまま、もし、いまとあまり変わらず七〇代前半で健康寿命が推移するなら大変なことだ。多くの人が、思うように体が動かせない状況で、三〇年、四〇年と生きなくてはならない。

もちろん、健康でなければお金もなかなか稼げない。生活費を稼ぐことはできないのに、生活はしなければならないというつらい現実が待っている。

普段から、ただ健康診断の結果に一喜一憂していないで、健康寿命をいかに延ばすかについて真剣に考えていこう。

「ピンピンコロリ」はできません

よく「ピンピンコロリで逝《い》きたい」という声を聞く。

「おじいちゃん、前の日までとても元気だったのに、朝になったらお布団のなかで亡くなっていたの」

「でも、もう九〇歳だし、入院もせずにいられたのだから幸せだよ。それに、ほとんど苦しんだ形跡もなかったんだってね」

こんな理想の死に方をしたいと多くの人が思っている。私もその一人だが、そうは問屋《とんや》が卸《おろ》さない。

むしろ、医学が発達したために、「コロリ」は難しくなっている。

戦後から一九七〇年代まで、日本人の死因の一位は脳卒中《のうそっちゅう》だった。脳卒中には脳の血管が破れる脳出血と、血管が詰まる脳梗塞《こうそく》があるが、いずれも突然発作を起こし帰らぬ人となることが多かった。

いまはがんや心臓疾患に抜かれ、ずいぶん脳卒中の致死率は減っている。しかし、罹患《りかん》率自体はあまり変わっていない。

患者数は減っていないのに致死率は減っている。つまり、かつてならコロリと逝った脳卒中は、もはや「助かる病気」になってきているということだ。

ただし、命は助かるが重い後遺症《こういしょう》を抱えて寝たきりになるケースが多い。ここに、一つの深刻さがある。

脳卒中は血管の老化が主たる発症原因なので、年齢を重ねるほど起こりやすくなる。となれば、一〇〇歳まで生きる途中で罹患する可能性が高い。

後遺症で寝たきりになって一〇〇歳まで生きなければならないというのは、考えただけで大変な話だ。

一〇〇歳時代の到来を「それだけ健康を維持できるということだ」と手放しで喜んでいてはいけない。「それだけ自分で健康管理をしなければならない年月が増えるということだ」が正解である。

五〇代はなめている

生活習慣病の権威である岡部《おかべ》正《ただし》医師が、その著書のなかで興味深い指摘をしている。七〇歳を過ぎてからの健康状態を決めるのは五〇代の過ごし方なのだが、五〇代ではまだ自覚症状に乏《とぼ》しいため、その重要な時期を無為に過ごしてしまうというのだ。

五〇代ともなると、高血糖や高血圧、脂質異常など、会社の健康診断でなにかしらの指摘を受けるようになる。

しかし、がんや心臓病と違って緊迫感がない。

「血糖値が高いからって、べつに痛くもかゆくもないし」

「まあ、この年になれば、このくらいどうってことないでしょう」

医者から生活習慣を改めるように言われても、「仕事が忙しい」だの「つきあいがある」だのと屁理屈《へりくつ》をこねてはやり過ごしてしまう。言ってみれば、なめてかかっているのだ。

たしかに、そのときはたいした変化は起きない。指摘を受けた三カ月後や半年後にも表立った変化は起きない。だから、「ほらね、大丈夫じゃない」と放置して血管の老化を早めてしまう。

その結果、七〇代以降になってから、コロリと逝けない脳卒中に見舞われたりするのだ。

五〇代は、まだなんとか無理がきく。しかし、ここで忘れないでほしいのは「だから、無理をしていい」ということではない。「だから、あとからツケを払わなければならないような無理をしがちだと自覚せよ」ということだ。

中年太りのお腹を抱えて階段を上れば、多少息切れはするが、五〇代なら倒れはしない。ビールをガバガバあおりながら「いや、もう俺もダメだね」などと笑い飛ばす余裕もあろう。

しかし、それはいま現在の話であって、未来も続くものではない。こういう五〇代が七〇歳を超えたあたりで、「あのときもっと節制《せっせい》していれば」と後悔することになるのだ。

しかも、その後悔を一〇〇歳までし続けなくてはならないかもしれない。

一〇〇歳を見据えた健康づくりは、本当なら四〇代から取り組むべきで、五〇代ではぎりぎりだろう。だからこそ、なめてかかってはいけないのだ。

三つの健康

かつて「健康」と言えば、それは体に関することだった。

戦後間もない時代には、体の健康だけを考えていればよかっただろう。五〇歳で寿命が来てしまうなら、ボケることもほとんどなかったはずだ。それに、うつ病などの問題もいまのように深刻ではなかった。

しかし、現代という複雑な情報社会において、一〇〇歳までの健康管理を考えるなら、「体・頭・心」の三つの要素について充分なケアを心掛けなくてはならない。

体が健康でなければ、いくらお金があっても人生を楽しめない。

頭がボケてしまっては、生活そのものが大変だし、周囲にも迷惑をかける。

心がふさいでうつになれば、長生きもつらいだけかもしれない。

この三つの要素は、それぞれリンクしているが、本章ではまず、体と頭の健康について考えていこうと思う。

脳の血流は全身の血流とリンクしているので、体を動かすことができなくなれば頭もボケてくる。だから、まず取り組むべきは体の健康を保つこと。その結果として頭の健康もついてくると大ざっぱに捉えておけばいいと思う。

そのためには、食事と運動が重要なことは言うまでもない。

ボケ防止のために、計算問題などを解く脳トレーニングにチャレンジするのも悪くはないが、じっと座ってそれをやっているばかりで、体を動かす時間が減ってしまうなら逆効果ではなかろうか。

それよりも、新しい仕事のための学び直しをして頭を使うことだ。学び直しをしていれば、おそらくボケる余裕はないだろう。

もう一つ、心の健康に関しては少し切り離し、次章で考えてみたいと思う。うつ病などの心の病は現代社会の複雑さが大きく影響しており、食事や運動などの習慣の見直しだけでは対応できない側面があるからだ。

また、一〇〇歳まで生きなくてはならない時代ならではの不安要素もあろう。

いま、韓国や中国で高齢者の自殺が激増している。その背景には、経済的および精神的な孤独があるようだ。

儒教の影響で高齢者を大事にしてきた彼らの国であっても、子どもは自分たちの生活に精一杯で親の面倒まで見られない。子どもを頼りにしていた高齢者は、どうしようもなくなって自ら命を絶ってしまうのだ。

もちろん、核家族化が進んだ日本にとっても他人事ではない。

どうやって、自分の力で一〇〇歳まではつらつと生き抜くか。それを考えなければならない私たちにとって、心のケアは特別に重要な課題となる。

〈図 7〉普段から健康に気をつけるよう意識しているか

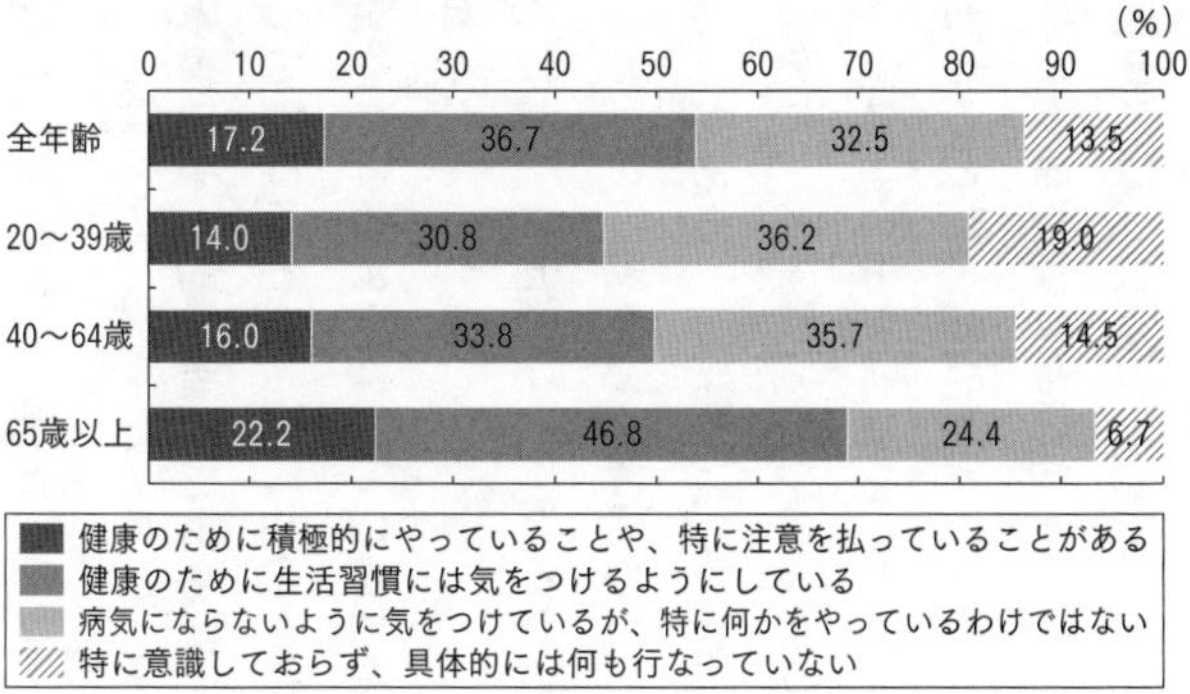

資料：厚生労働省政策統括官付政策評価官室委託「健康意識に関する調査」(2014年)
出典：平成26年度版厚生労働白書

驚くべき意識の低さ

ここで、二つのデータを紹介する。どちらも、厚生労働省政策評価官室委託の「健康意識に関する調査（二〇一四年）」のものだ。

〈図7〉は、「普段から健康に気をつけるよう意識しているか」について調査した結果だ。

答えは、「健康のために積極的にやっていることや、特に注意を払っていることがある」「健康のために生活習慣には気をつけるようにしている」「病気にならないように気をつけているが、特に何かをやっているわけではない」「特に意識しておらず、具体的には何も行なっていない」の四つから選ぶようになっている。

本書の中心的読者層であるはずの四〇歳から六四歳では、「健康のために積極的にやっていることや、特に注意を払っていることがある」と「健康のために生活習慣には気をつけるようにしている」を選んだ人、つまり「健康に気をつけている人」の割合は半分くらいだ。

これが、六五歳以上になると約七割が気をつけるようになる。

なお、この調査で「健康のために積極的にやっていることや、特に注意を払っていることがある」「健康のために生活習慣には気をつけるようにしている」を選んだ人を対象に、健康に気をつけるようになったきっかけを聞いた結果もある。

一位は「自分が病気をしたので」で三割近い。「家族や友人が病気をしたので」と合わせると42・66パーセントにもなる。つまり、病気が「自分事」とならないと、なかなか健康習慣は身につかないということがわかる。

〈図8〉は、〈図7〉の調査で「病気にならないように気をつけているが、特に何か

〈図8〉健康のために特に何も行なっていない理由

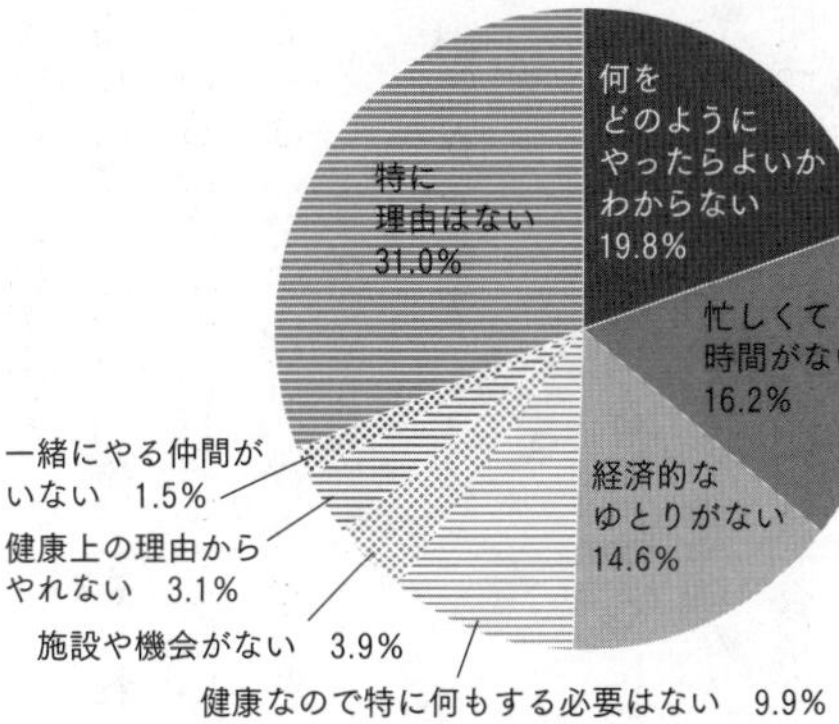

厚生労働省政策統括官付政策評価官室委託「健康意識に関する調査」(2014年)より作成
(注)　健康のために「気をつけているが、特に何かをやっているわけではない」又は「特に意識しておらず、具体的には何も行なっていない」人を対象にした質問
出典：平成26年度版厚生労働白書

をやっているわけではない」「特に意識しておらず、具体的には何も行なっていない」を選択した人に、その理由を聞いたものだ。

「特に理由はない」と「何をどのようにやったらよいかわからない」の二つで半数を超える。きわめて意識が低い人が、こんなにいるのである。

健康であるうちはなにもしないでいて、病気が「自分事」になってようやく真剣に考えるようになる。

これでは、一〇〇歳時代にまったく対応できない。しかも、ここで言う「健康であるうちは」というのは、あくまで都合のいい主観だ。

前述したように、五〇代ともなればなにかしらの危険シグナルは出されている。出されているのに「たいしたことない」と甘く見てしまっているだけだ。健康のためになにもしないでいい五〇代など存在しないと考えてほしい。

継続が決め手

それにしても、「何をどのようにやったらよいかわからない」と答えるとは困ったものだ。どうしてそんなことになってしまうのか。

健康づくりの二大要素は「食事」と「運動」である。もちろん、五〇代ともなれば、そこまでは理解できているはずだ。健康診断の結果を受け、「バランスのいい食事を心がけてください」とか「もっと運動量を増やしてください」とか医者からうるさく言われた人もいるだろう。

だから、そこまではわかる。食事に気をつけて、適度な運動をしなければいけないのはわかる。しかし、「具体的にどう動き出していいかわからない」のではないだろうか。人は、曖昧《あいまい》な指示を受けても実際の行動には移せないものなのだ。

ましてや、健康のための「良い食事や運動」は数回限りでＯＫとはならない。継続して習慣化することが必須である。ここが難しいのだ。

たびたび触れたが、行動科学マネジメントでは、人がなにかを成し遂げられないとき、その理由は二つしかないと考えている。

1　そのやり方自体がわからない

2　やり方はわかっているが、継続できない

たとえば、営業の仕事でも、新人はやり方そのものがわからないから上司が教えてあげる。しかし、やり方を教えたからといって結果にはつながらない。顧客訪問や適切な説明、フォローアップなどを繰り返し行なって初めて契約が取れる。気が重い訪問作業などをどうやって継続させるかが、重要なのだ。

「良い食事や運動」も、一回や二回なら誰でもできる。それを習慣化できてこそ、一〇〇歳を元気に迎えることができるのだ。

大げさではない運動を

では、運動を習慣にするにはどうしたらいいだろうか。

ここで、先ほどの「健康意識に関する調査（二〇一四年）」から、人が「健康のために支出してもよい」と考える金額についての調査結果を紹介しよう。

年代を問わず、毎月一〇〇〇円以上五〇〇〇円未満が最も多い。つまり、健康づくりのために無理なく支出できるのは五〇〇〇円未満ということだ。習慣化することが重要なので、無理せずにこの範囲で考えてみよう。

定期的に運動をするために、多くの人がスポーツクラブへの入会を考える。しかし、割安な平日会員などになっても、会費は五〇〇〇円を上回ることがほとんど。それが本当に必要だろうか。

〈図９〉１日の歩行時間と循環器疾病による死亡の関係

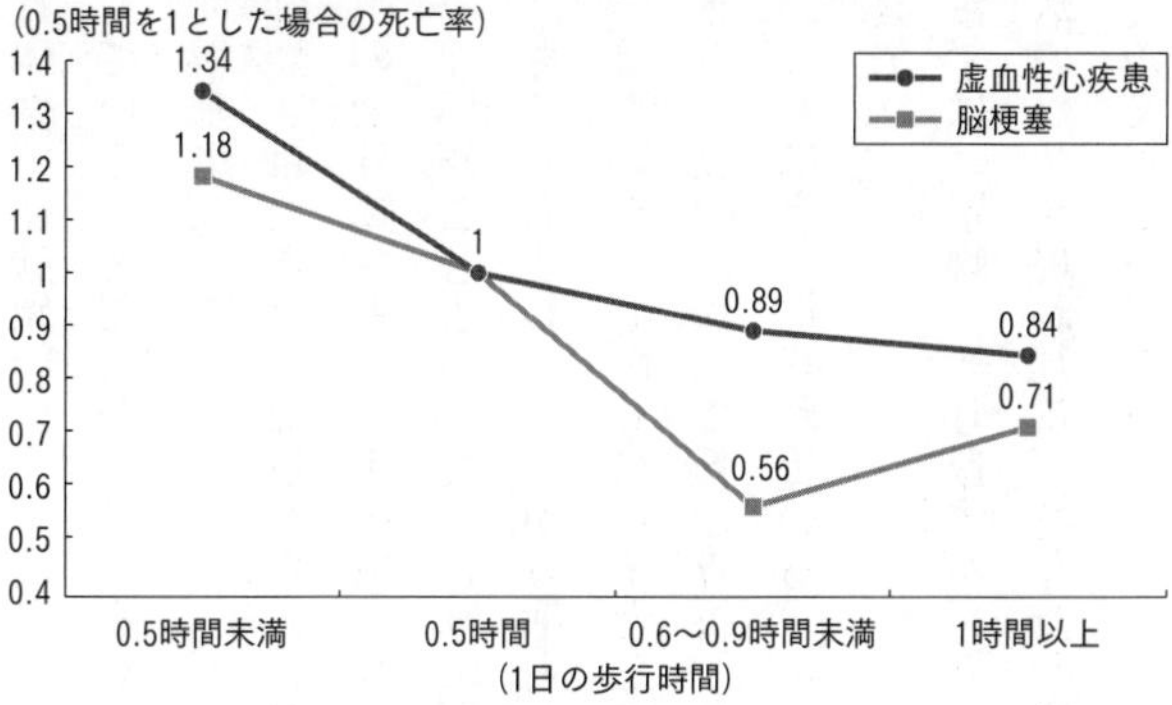

資料：文部科学省科学研究費大規模コホート研究（JACC Study）「運動と循環器疾患死亡」（野田博之）より
出典：平成26年度版厚生労働白書

もちろん、そこで楽しい人間関係を築けたり、スポーツクラブへ通うことがいい気晴らしになっているなら問題ないが、お金を使わずとも運動はできる。おすすめは、速足で歩くことだ。

〈図９〉は、「運動と循環器疾病死亡」のデータだ。歩かないでいると、心臓や脳の血管に悪い影響を与えることがよくわかる。一日あたり、三〇分から一時間の歩行を心がけたいものだ。

加えて、高齢になってくるほど「足腰」の状態が人生の質を左右するから、五〇代から意識的に歩いておいたほうがいい。

私の知人の六〇代女性は、昔からぽっち

やり体型で運動嫌い。すぐにタクシーを拾っていた。それでも五〇代までは元気に外出していた。ところが、ひざを痛めて歩くことが困難になり、いまは杖《つえ》や車椅子に頼って移動している。

舗装《ほそう》されたきれいな道ならいいが、車椅子ではちょっとした段差が上れない。タクシーの乗り降りも人の手を借りねばならない。

そういうこともあって、趣味の観劇に出かけるのもおっくうになったようだ。ほとんどを家で過ごし、すっかり活力が失われてしまった様子だ。このままボケてしまうのではないかと心配しているところだ。

また、高齢になって転び骨折すると、それを機に寝たきりになってしまうケースが多いことはよく知られている。これも、普段から足腰を鍛《きた》え、丈夫に保つことで予防可能だ。

まずは、足腰。繰り返すが、五〇代では自覚症状はなくても、七〇代以降にいまの生活のツケが現われる。あなたの生活の中に「歩く」習慣をいかに取り入れるかを考えてみてはどうだろう。

一日五分から始めよう

私はランニングが趣味で、普段からよく走っている。一〇〇キロマラソンも完走した経験を持ち、いまは、サハラ砂漠や南極、アマゾンといった極限状態で行なわれる大会にたびたび参加している。

だから、私が若い頃からスポーツマンだったと思っている人も多い。しかし、以前の私はお腹がたるんだよくいる中年男の一人だった。鏡を見て「これではまずい」と感じ、四〇歳を過ぎてからランニングを始めた。

そのときに、どうせやるならきちんとした正しい走り方を身につけようと、専門家の教えを請《こ》うた。

私の先生は、「まず週に二〜三回、三〇分くらい歩いてみましょう」と言った。ちょっと拍子《ひょうし》抜けしたが、低いハードル設定のおかげで、それは難《なん》なくクリアできた。

すると、「じゃあ、今度は三〇分のうちの五分だけ走ってみましょうか」と言われた。走るのは五分で、残りの二五分は歩いていいということだった。

そして、これができるようになると、一〇分、一五分と走る時間が占《し》める割合を増やしていった。やがて、三〇分全部を走れるようになっていた。

私は、自分が三〇分間続けて走り通せたときの感動を、いまでもよく覚えている。

「なんと、この俺が三〇分も走れた」

そのくらい運動とは無縁だったのに、こうしたやり方で一年後にはフルマラソンすら走れるようになったのだ。

だから、あなたも「少しずつ」やることを強くすすめる。

家で寝る前に腹筋運動を一〇分行なうのでもいい。風呂上がりに五分のストレッチをするのでもいい。それを一年続けたら確実に体は変わる。

先を見据えた食習慣

最近やたらと「糖質制限」がブームになっている。たくさん出版されている糖質制限に関する書籍のなかには怪しいものもあるようだが、基本的に私も糖質は摂りすぎないようにしている。

ただ、糖質自体は大事なエネルギー源だから、極端な制限をしてはいけない。あたりまえのことだが、あらゆる必要栄養素をバランスよく摂取《せっしゅ》することが重要だ。

よく言われる「食事が体をつくる」というのは間違いのない真実だ。そして、その体とは単純な「肉の塊《かたまり》」ではない。代謝《たいしゃ》を繰り返し、日々細胞をつくりかえている機能のことだ。

私たちは、体内のあらゆる組織で代謝が行なわれているからこそ生きていける。その代謝のためにはさまざまな栄養素が不可欠で、ただお腹がいっぱいになればいいのではない。

アメリカのスーパーマーケットに行くと、巨大な冷凍ピザが売られている。安くて満腹になるから、貧しい人たちを中心によく食べられている。その結果、太っているけれど栄養が足《た》りていないアメリカ人が多くいるのだ。

日本も例外ではない。いま「肥満の栄養失調」が増えている。しかも、働き盛りの男性に目立つ。彼らの食事スタイルは、大盛りの牛丼やラーメンなどをかきこむというものだ。「忙しいから時間もかけたくないし、安くてお腹がいっぱいになるから」というのが彼らの言い分だ。

たしかにお腹はいっぱいになるだろう。しかし、炭水化物がそのほとんどを占《し》めており、代謝に必要なミネラルやビタミンが圧倒的に足りない。その結果、体のさまざまな組織がうまく働かなくなるという不都合が起きる。

最近、「こども食堂」があちこちにできている。給食を廃止していた中学校で給食を復活させる動きも出ている。満足に食事ができていない子どもたちがそれだけいる、ということだ。

ある中学生は、お腹いっぱい食べているものの、内容が炭水化物に偏《かたよ》っているために、部活のサッカーをやっていると貧血を起こすという。また、骨も弱くなっているそうだ。身長や体重はほかの同級生と似たり寄ったりだが、食べ物によって体の中身に差がついてしまっているのだ。

再度述べるが、五〇代の生活のツケは七〇代になってから出る。いまのあなたが、

「野菜なんか食べるくらいなら、そのぶん牛丼を大盛りにしたい」という食生活を送っていても、今日や明日にはなにも起こらない。しかし、長年のその習慣が確実にあなたの体を蝕《むしば》んでいく。

五〇代になったら、「腹がいっぱいになればいい」という野蛮な思考は捨てて、栄養学の面から食事にアプローチする知性が必要になってくる。

満腹になるな

健康のための食事は、内容と同時に「量」も重要だ。少なすぎてもいけないが、多すぎても問題が起きる。

日本が豊かな国になったいま、「量が足りない」ということはまず起きない。ほとんどの人が「食べ過ぎている」のだ。一〇〇歳までの健康を考えたら、いまよりも食事量は減らしていく方向でいいだろう。

だからといって、いちいち食べ物を秤《はかり》に載せる必要はない。簡単なのは、「満腹になるまで食べない」を実行することだ。いわゆる「腹八分目」である。

そして、定期的に「空腹感を感じる」ことも重要だ。それは、肥満を防ぐためだけではない。私たちの重要な体の機能のなかには、空腹を感じることで動き出すものも多いからだ。

その一つが、「長寿遺伝子の刺激」である。

長寿遺伝子はサーチュイン遺伝子とも呼ばれ、人間の老化や寿命に大きく関わっていることがわかっている。

長寿遺伝子は誰もが持っているのだが、それが眠ったままの人と働いている人がいる。当然、後者が老化しにくく長生きできる。

眠ったままの長寿遺伝子に、どうやればスイッチを入れることができるか、研究が進んでおり、空腹感もその要素であることがわかっている。

逆に言えば、しょっちゅう満腹感を感じているようではスイッチは入らない。

そもそも、私たちの祖先は、みんなお腹をすかせていた。そういう状態にあって生き延びるようにできているのだ。「種《しゅ》として強くいること」が、一〇〇歳時代には必要なのではないか。

五〇代になったら、若い頃とは違った知性で空腹を味わってみよう。

遺伝子検査もおすすめ

もっとも、まだ私の長寿遺伝子は目覚めていないらしい。先日受診した遺伝子検査でわかったのだ。一方、私の妻はしっかりとスイッチが入っていたから、彼女は一二〇歳まで生きるかもしれない。

その検査では、「遅延型アレルギー」についても調べてもらった。

食物アレルギーには、即時型と遅延型の二つがある。「青魚を食べるとじんましんが出る」「そば粉が入っているものを食べると呼吸が苦しくなる」など、すぐに症状が出るわかりやすいタイプが即時型。対して、ずいぶん後になって出てくるのが遅延型だ。

遅延型の場合、頭痛、めまい、肩こり、うつ、慢性疲労など、まさかアレルギーによるものとは思えない症状を引き起こすことが多いそうだ。「最近、なんだか体調がおかしい」という原因不明の症状に、遅延型アレルギーが関わっていることがよくあるのだ。

しかも、遅延型アレルギーは、長い間その食品を摂取し閾値《いきち》（感覚や反応を起こさせるのに必要な、最小の量）に達することで起きやすい。だから、自分にとってどういう食べ物が危険なのかを調べておくことは、一〇〇歳まで生きる時代には価値あることだろう。

私の場合、遅延型アレルギーを引き起こす危険因子は乳製品と卵だった。これは、日本人に多いパターンだそうだ。

牛乳やヨーグルトなどを「健康のため」に積極的に摂取している人もいるだろう。しかし、一〇〇歳まで生きる過程では過剰摂取になり閾値を超える可能性が高い。まずは、自分の体質を知ることも重要だ。

そのほか、遺伝子検査ではいろいろなことが調べられる。値段もさほど高くないから、一度受けてみるのもいいだろう。

タバコは最悪だ

最近私は、毎日飲んでいたお酒を週に一～二回に減らした。それによって、夜の時間を勉強や読書などに充てることができるようになった。要するに、毎日飲むことが習慣になっていただけで、それを変えてしまえばなんということはないのだ。

タバコについては、もともと吸わない。健康に対するタバコの害は明らかで、がんを誘発するだけでなく血管に傷をつけることもわかっている。長寿遺伝子の尻尾《しっぽ》を切ってしまうとも言われている。

一〇〇歳まで健康に生きようとしたら、タバコは論外だ。

愛煙家《あいえんか》は「タバコを我慢するくらいなら寿命が縮《ちぢ》んだってかまわない」と言う。しかし、血管に害を与えるのだから脳卒中の遠因にもなる。寿命は縮まらずに、健康寿命だけが縮まってしまう可能性も高くなることを忘れてはならない。

もっとも、大半の喫煙者は本当はタバコはやめたいと考えている。やめたいけれどやめられないでいる人が多いのだ。

タバコがなかなかやめられない理由について、行動科学マネジメント理論をもってすれば明白である。

行動科学マネジメントには、「ABCモデル」という考え方がある。ABCとは、次の三つである。

A（Antecedent）先行条件
B（Behavior）行動
C（Consequence）結果

人がなにか行動（B）を起こすとき、そこには先行条件（A）がある。しかし、その行動を繰り返すのは、結果（C）の力によるところが大きいというものだ。

たとえば、「友人にすすめられた」という先行条件（A）によって、「お菓子を食べる」という行動（B）をとる。しかし、そのお菓子をもう一つ食べるかどうかは、

「おいしかったかどうか」という結果（C）が決める。おいしければもう一つ食べるし、まずければ食べない。

お菓子に限らず、どんな場面においても、その行動を繰り返すか繰り返さないかは結果次第というわけだ。

そして、このときの結果が「ポジティブで・すぐに・確かに」得られるものであるほど影響は大きく、「ネガティブで・後から・不確実に」得られるものである場合は影響が少ない。

お菓子を食べて「おいしかった」という結果は「ポジティブで・すぐに・確かに」得られるものであるために、人は繰り返しやすいのだ。

では、「タバコを吸う」という行動について考えてみよう。

「肺がんにかかる」「血管が傷つく」「歯が黄ばむ」といった結果を強く意識すれば禁煙ができるはずだが、これらは「ネガティブで・後から・不確実に」得られるものだ。一方で、「おいしいと感じる」「リラックスする」という結果は「ポジティブで・すぐに・確かに」得られる。だから、人はこちらに引っ張られて、ついタバコを吸ってしまうのだ。

これが人間の行動パターンである。だから、「タバコがやめられない」ということで自分を責める必要はない。行動パターンを踏まえたうえで確実な方法をとればいいのである。

健康のためにすべきことを、続けるために

さて、健康にいいことを確実に繰り返し習慣化できる方法とは、いったいどんなものだろうか。

一〇〇歳まではつらつと生きるために、あなたがすべきことはたくさんある。

タバコはやめる。

お酒はほどほどにしておく。

適度な運動を続ける。

腹八分目を心がける。

いままで食べなかったものも、バランスよく摂取する。

いろいろあるが、どれも楽しいというより面倒くさいものだろう。だから、なかなか続かない。

私たち人間は、自分で想像している以上に「ABCモデル」で説明した行動パターンにはまっているのだ。

もう一つ、「ABCモデル」のわかりやすい事例を挙げておく。

あなたは、メガネかコンタクトレンズを使っているだろうか。使うという行動（B）をとっているとしたら、それはどうしてだろう。

こう質問すれば、みな当然のように答える。

「目が悪いからですよ」

たしかにそれは先行条件（A）だが、一昨日《おととい》も昨日も今日も使っている理由にはならない。あなたがそれらを繰り返し使っているのは「よく見える」という結果（C）

を手にしているからだ。しかも、その結果は「ポジティブで・すぐに・確かに」得られるものだ。だから、あなたはメガネやコンタクトレンズを使うことを苦もなく習慣にできているのだ。

もし、「使ってみたけれどよく見えない」のであれば、その行動を繰り返しはしないだろう。あるいは、「よく見えるようになるかもしれないけれど、それがわかるのは三カ月後だ」というなら、途中で嫌になってしまうだろう。

同様に、「タバコはやめる」とか「適度な運動を続ける」とか、健康のために頑張ってみても、その結果はすぐに得られるものではない。そのために、いつの間にか三日坊主になってしまう。

だから、健康のためのいい行動を習慣にしていくためには、すぐに得られるポジティブな結果を用意してあげるといい。

実は、前章の73ページで説明した「ご褒美」がまさにそれにあたる。

勉強の結果もすぐに得られないから、なかなか続かない。そこで「ポジティブで・すぐに・確かに」得られるご褒美を、勉強した結果として用意しておくのだ。

もちろん、「腹八分目を心がける」という行動を続けるためのご褒美が「好きなだけケーキを食べる」では本末転倒だ。

健康を阻害することなく、あなたが楽しい気分になれるご褒美を用意して、いい習慣を身につけていこう。

【エピソード②　両親の姿を見て健康維持の方法を学んだ石黒さん】

大手印刷会社に勤める石黒隆さん（仮名）は、一〇年ほど前から会社近くのスポーツクラブに通っている。週に二～三日は三〇分ほど体を動かしてから自宅に帰る。それが習慣になっているのだ。

きっかけは、石黒さんが四〇歳になった年に、父親が倒れたことにある。

有名製薬会社で取締役にまで上り詰めた父親は、典型的な会社人間だった。毎晩、残業や接待で深夜帰り。土日は寝ているか仕事相手とゴルフに行くか。食事も睡眠も不規則で、健康診断では血糖値の異常を指摘されていた。

それでも「いまはとても大事な時期だし、なんら調子は悪くない」と生活は変えずに仕事に邁進《まいしん》していた。副社長レースが目の前に迫っていたのだ。

しかし、六八歳の誕生日を目前にした早朝、自宅で脳出血の発作を起こし救急病院に運ばれた。かろうじて命はとりとめたが病状は重く、職場復帰はかなわなかった。

そして発作から三年後に亡くなった。

後遺症に苦しむ父親と、そうなったら冷たい会社。

その実態を目の当《ま》たりにして、石黒さんは「仕事より健康が大事」と痛感した。同僚のなかには「残業している姿」を会社にアピールしたがる人間もいる。さっさと帰ってしまう石黒さんを心配する声もある。

しかし石黒さんは「残業しなければ認めてもらえないなら、それでいい」と割り切っている。

実は、七〇歳を過ぎた母親も自宅そばのスポーツクラブに通っている。いまは一人暮らしの母親には、時間はたっぷりある。聞くところによると、ほぼ毎日プールで五〇〇メートル泳ぐことを自分に課しているのだそうだ。

石黒さんには受験を控《ひか》えた子どもが二人おり、母親にとってはかわいい孫のはずだが、ほとんどなにも手伝ってくれない。

まだ子どもが幼い頃、妻と二人でスキーに行こうと計画したときにも「自分のペースを崩《くず》したくない」と、子どもを預かってはくれなかった。

「私は、お父さんのように寝たきりになって、あなたたちに迷惑をかけたくないの。私の友人には、孫の世話が大変で体調を崩した人もいるのよ。自分の健康は自分で守りたいの」

これが母親の言い分だ。妻に伝えると「すごくわかる」と納得している。

母親いわく、スポーツクラブでお風呂にも入ってきてしまうから、水道代とガス代の節約にもなっているのだとか。

そんなたくましく面白い母親と病《やまい》に倒れた父親。石黒さんは母親のように生きたいと思っている。

第3章

メンタルをどう支えるか

暴走する高齢者たち

出勤途中のサラリーマンでにぎわうコンビニのレジに並んでいたら、ちょっとしたトラブルに遭遇《そうぐう》した。

列を無視して、七〇代と思われる男性が一つのレジに向かった。無視したのではなく、並んでいることに気づかなかったのかもしれない。レジを担当していた若い女性店員が「順番にうかがっておりますので、すみませんがお並びください」と言った。あたりまえのことだ。

ところが、とたんにその男性がキレた。

「なんだと。その口の利《き》き方はなんだ！」

女性店員は無視しようとしたが、男性は「バカ」だの「ガキ」だの、聞くに堪えない罵《ば》詈《り》雑言《ぞうごん》を連発している。私を含め客たちが止めに入ろうとしたところ、バックヤードから店長が現われた。すると、男性はぶつぶつ文句を言いながら出ていった。

どうやら、その店によく訪れるトラブルメーカーらしい。空威張《からいば》りしている様子がなんともみっともなかった。

サービス業に従事している知人に訊くと、男女問わずに問題の多い高齢客が増えているのだという。

彼らは、客の立場を利用して、忙しい店員にいろいろと無理な注文を出してくる。そして、その注文に応《こた》えきれないと大声でわめき始める。最初から買う気などなく、ただ難癖をつけたいだけとしか思えないケースもしばしばあるという。

タチの悪いクレーマーだ。

ストーカーもどきの高齢者も増えている。

八〇歳を過ぎた男性がふらりと入った喫茶店で、アルバイトの女子高生がフレンドリーな挨拶《あいさつ》をしてくれた。どの客に対しても同様にやっていることだ。しかし、それですっかり舞い上がり、毎日のように通っている。気持ちよくコーヒーを飲んで帰ってくれるならいいが、女性店員をしつこく食事に誘ったりする。

また、高齢者による万引きも増えている。単純に生活に困っての万引きもあるものの、「寂《さび》しくてやった」というのも多い。保安員につかまると、反省の態度を示すどころか、毒づいて殴りかかってくる高齢者もいるらしい。

私が子どもの頃は、「おじいさん・おばあさん」というのは、どちらかと言えば穏《おだ》やかな印象だった。長く生きていると人間が丸くなるのだと感じられた。ところが、いまは頑固で聞き分けのない困った存在が増えている。

六〇歳からキレ始める

学校や教師に異常で理不尽な注文をつける「モンスターペアレント」が、ずいぶん問題になった。いまは、教育現場のみならず、いろいろなところにいろいろなモンスターがいる。

そして、そこには六〇代以上の「大人の対応ができるはずの人」が少なからず含まれる。

人身事故で電車が遅れたときに、駅員に詰め寄るモンスターもいる。どう考えたって駅員に非《ひ》はない。また、文句を言ったからといって電車が動くわけでもない。それなのに、彼らは居丈高《いたけだか》に怒鳴《どな》り散らす。見ると、六〇代くらいの男性が多い。忙しい若い人たちは、そんなことをやっている時間はないのか、ほかの交通手段を探してさっさと動き始める。

日本民営鉄道協会などの調査によれば、鉄道職員に暴力をふるう加害者は六〇代が一番多いことがわかっている。高齢者は「いまの若い連中はすぐにキレる」と言うが、本当は逆で、自分たちがキレているのだ。

また、さまざまな医療機関が行なっている調査結果を見ると、職員に対して暴力をふるったり、暴言を吐いたり、セクハラを行なうのも、六〇代や七〇代が多い。もっとも、年齢が高くなれば医療機関に出向く割合も増えるわけだから、一概《いちがい》に若い世代と六〇代、七〇代を比べるわけにもいかないが、現場で「困った高齢者が増えている」と認識されているのは事実だ。

それにしても、つい数年前まで会社勤めをして立派な立場にいた人たちが、すっかり自分をコントロールできなくなってしまうのは、なぜなのだろう。

割合は少ないはずだが、一つには認知症によるものと考えられる。

認知症の症状に「易怒性《いどせい》」というのがある。書いて字のごとく、すぐに怒る。認知症は「ぼーっとしてしまう」イメージが強いが、実際には暴力的になるケースが多い。長年連れ添った優しい夫が、突然、妻を殴ったりする。しかも、ボケてしまって手加減《てかげん》なしだから、相手をするほうも大変だ。

厚生労働省の発表によると、医療機関を受診した精神疾患患者数は、一〇年余りで大きく増えている。

統合失調症やてんかんなどの疾患には大きな増減はない一方で、アルツハイマーを含む認知症やうつ病、不安障害が目立って増加している。

もう一つ、加齢による脳機能自体の衰《おとろ》えもあるかもしれない。

私たちはみな、性格的な短所を持っているが、それを表に出すことをなるべくしないように努《つと》めている。しかし、脳の機能が衰えてくると、自分のなかでバランスをとることが難しくなり、もともと持っている性格の偏りが露呈《ろてい》すると言われているのだ。

いずれにしても、高齢化社会と「怒りの蔓延《まんえん》」は無縁ではなさそうだ。一〇〇歳までの人生を考えるうえで、目を背《そむ》けることができない問題である。

怒ることが習慣になっていないか

もっとも、やたらと怒りっぽくなっている高齢者の大半は、単純に「怒り癖」がついているだけである。

まだ五〇代の段階で、真剣に取り組んでほしいことの一つに、「怒り癖をつけない」というものがある。怒りの感情は、自分自身の精神を荒廃《こうはい》させ、人間関係を破壊してしまうだけでなく、106ページで触れた「長寿遺伝子」の尻尾を切ってしまうことがわかっているからだ。

本来、怒りの感情は三〇秒以上続かないと言われている。だから、この三〇秒間を上手にやり過ごしてしまえば、怒りは収《おさ》まってくる。

ところが、いつまでも怒り続けている、あるいは、どんどん怒りを増幅《ぞうふく》させてしまう人は「怒ることが習慣になっている」のだ。タバコをやめられないように、怒ることをやめられなくなっているわけだ。

しかし、新たに良い習慣を身につけられるのと同様、悪い習慣とさよならすることも充分に可能である。

その具体的方法は後述するとして、そもそも、なぜ「年齢を重ねて丸くなるどころか怒りっぽくなるのか」について考えてみよう。

おそらく、歪《ゆが》んだプライドがそうさせるのだと思う。

かつて勤めていた会社では、部下たちはそれなりに「言うことを聞いて」くれた。実際に、言う通りにしたかどうかは別にして、表面的な賛同はしてくれた。

また、部下たちは、プライドが傷つかないように気も使ってくれた。わからないことがあっても、部下に「教えてもらう」のではなく、あたかも自分が知っていたかのように振る舞わせてくれた。

しかし、世の中全般はそうではない。たとえば、コンビニに設置された端末機械や駅の新幹線券売機などの使い方がわからなくてまごまごしていれば、後ろの人がイライラオーラを出してくる。

後ろの人が、部下のように丁寧に接してくれないのは、「上司でもない関係ない人だから」という理由だけではない。おそらく、そうしたくないなにかがあるのだ。わからないことがあるなら素直に若者に聞けばいいのに、高齢者の多くはプライドが邪魔《じゃま》してそれができない。それどころか、親切に教えてくれようとしている若者に「うるさい」と言ったりする。まったく、始末に負えないのだ。

もちろん、高齢者には高齢者の言い分もあろう。しかし、頑固で聞き分けのない存在として一〇〇歳まで過ごすのは幸せなことではない。メンタルをどう健《すこ》やかに保っていくか、いまのうちから考えておいたほうがいい。

ネガティブ感情の根底にある「不安」

怒りのほかにも、妬《ねた》み、嫉《そね》みなど、私たちの人生を台無しにしてしまういろいろなネガティブ感情がある。これらネガティブ感情の根底には「不安」が存在する。

世界には紛争の絶えない地域があり、罪もない子どもたちまでが死と向かい合わせで毎日を送っている。そうしたレベルで比較すれば非常に恵まれている日本人だが、多くが不安感を抱いている。たとえば、フィリピンのスラム街で暮らしている人たちよりも、日本の都会で暮らしている人のほうが自殺率も高く笑顔が少ないのだ。

厚生労働省の「健康意識に関する調査（二〇一四年）」では、不安や悩みを「いつも感じる」人と「ときどき感じる」人を合わせると七〇・二パーセントに上ることがわかっている。

その不安や悩みを「誰に相談するか」について、男女別にまとめたのが〈図10〉だ。

女性は「友人・知人」がトップ。続いて「配偶者」だが、「配偶者以外の家族」「実家の親」など、身近な人に相談を持ち掛けることができている。

対して、男性はどうか。「配偶者」が一位になっているものの、それとほぼ同じくらいの割合で「相談する相手はいない」が二位に入っている。なんと、日本人男性の三人に一人は、不安や悩みを相談する相手を持たないのだ。

〈図10〉不安や悩みを相談する相手

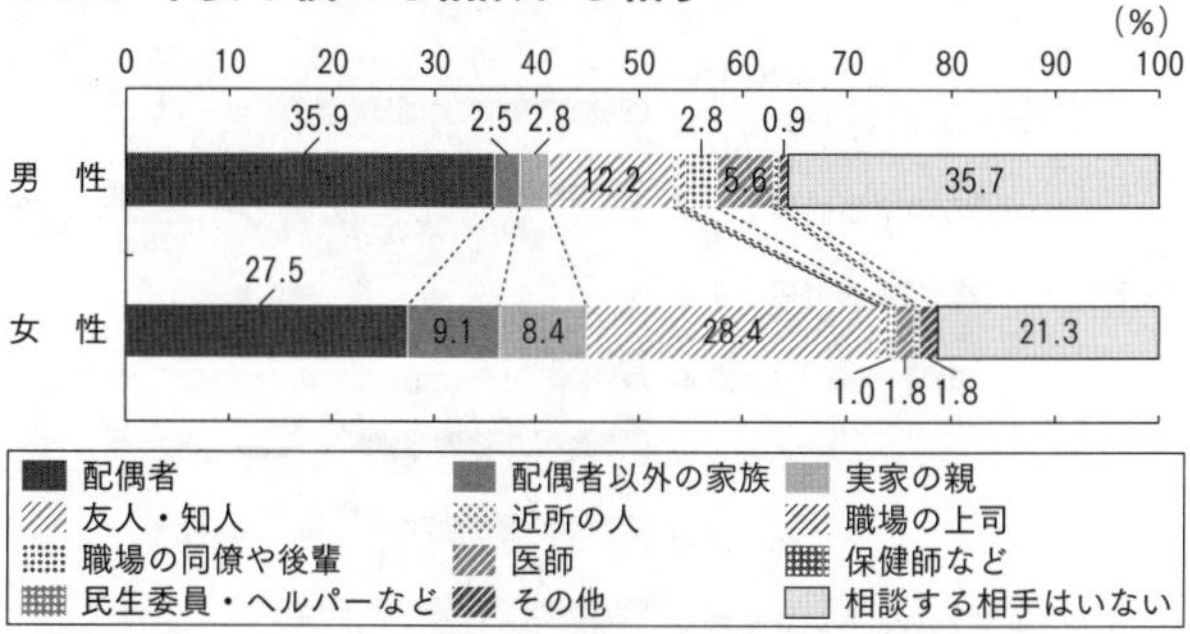

資料：厚生労働省政策統括官付政策評価官室委託「健康意識に関する調査」(2014年)
(注)　不安や悩みを「いつも感じる」「ときどき感じる」人を対象とした質問
出典：平成26年度版厚生労働白書

続いて、〈図11〉(130ページ)、〈図12〉(131ページ)を並べて掲載するので見比べてほしい。不安や悩みがあったときにどうするかについて、世代別と男女別に分析したものだ。

世代別のほうを見てみると、二〇代、三〇代の若者たちは「何か食べる」「買い物をする」「寝てしまう」といったわかりやすいストレス解消法を多くとっている。

六五歳以上で他の年代よりも突出して高いのが「積極的に自分で解決する」というものだ。なにやら、妙に頑張りすぎている雰囲気がある。やはりプライドがそうさせているのだろうか。

男女別についてはどうだろう。

〈図11〉 不安や悩みがあったときにすること（世代別）

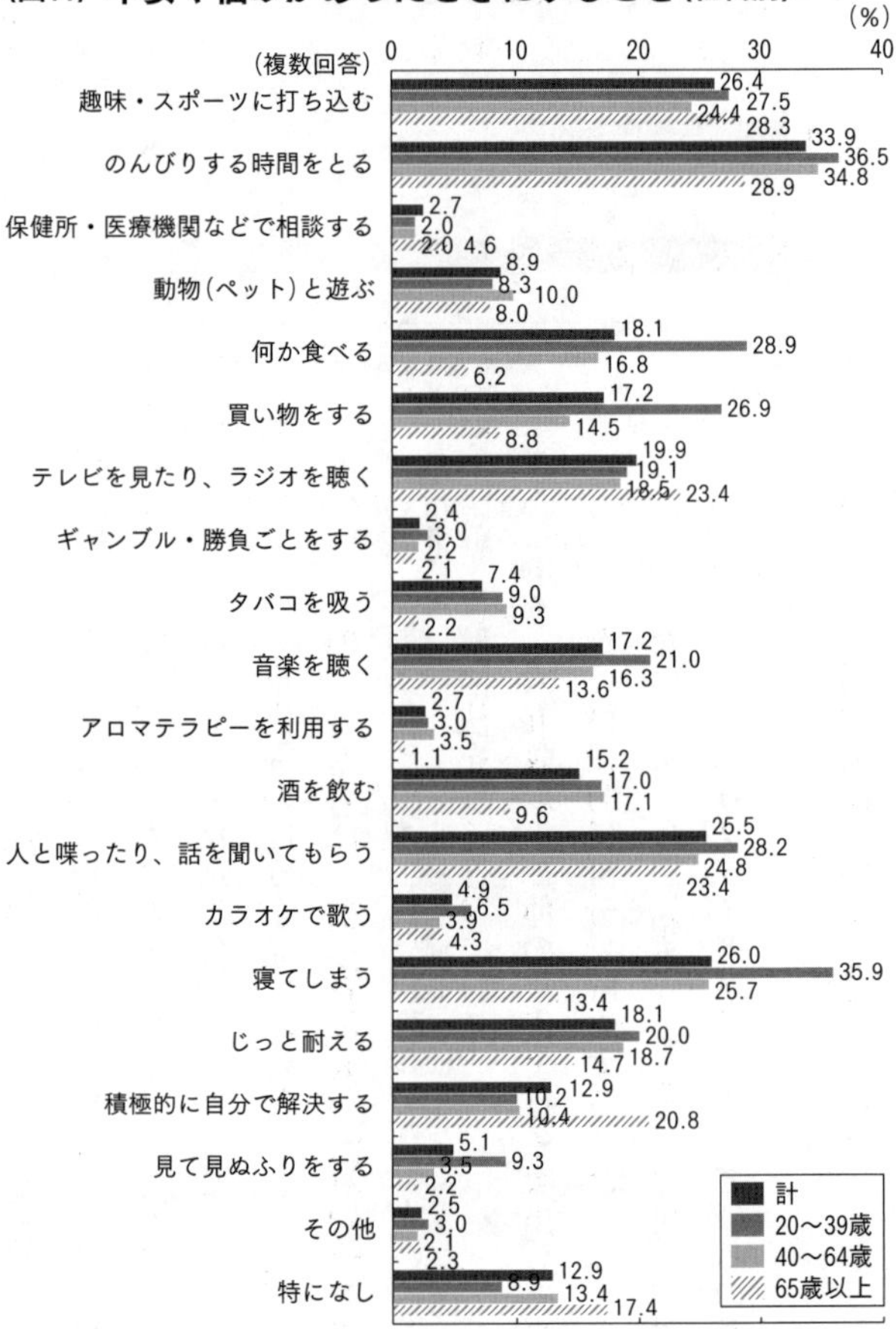

厚生労働省政策統括官付政策評価官室委託「健康意識に関する調査」（2014年）より作成
（注） 不安や悩みを「いつも感じる」「ときどき感じる」人を対象とした質問
出典：平成26年度版厚生労働白書

〈図12〉不安や悩みがあったときにすること（男女別）

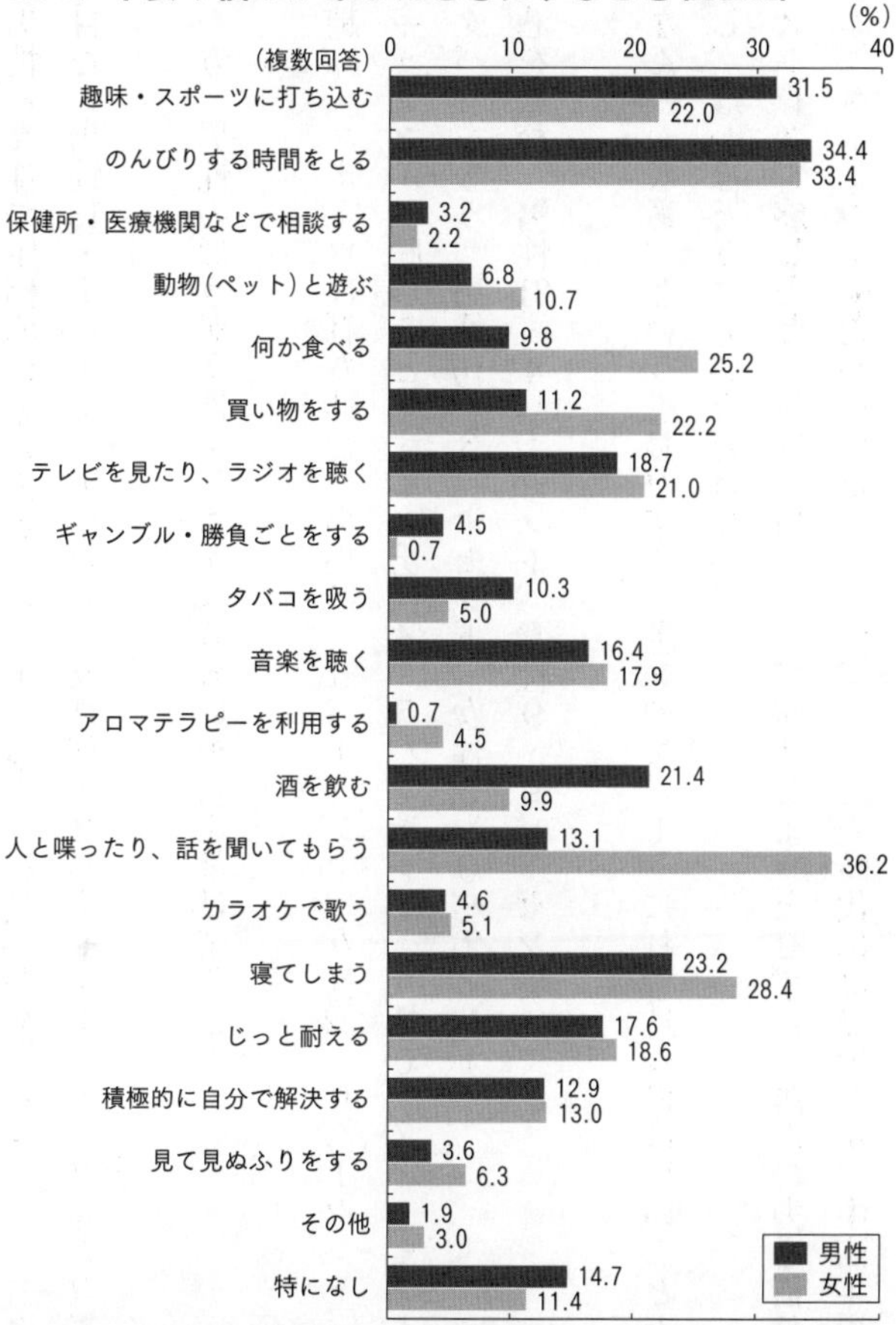

厚生労働省政策統括官付政策評価官室委託「健康意識に関する調査」(2014年)より作成
(注)　不安や悩みを「いつも感じる」「ときどき感じる」人を対象とした質問
出典：平成26年度版厚生労働白書

男性と女性で圧倒的に差があるのが「人と喋《しゃべ》ったり、話を聞いてもらう」という項目だ。男性13・1パーセントに対し、女性36・2パーセントとトリプルスコアに近い。

一方、男性のほうが女性よりもかなり多い項目を挙げてみよう。

「趣味・スポーツに打ち込む」男性31・5パーセント、女性22・0パーセント。
「ギャンブル・勝負ごとをする」男性4・5パーセント、女性0・7パーセント。
「タバコを吸う」男性10・3パーセント、女性5・0パーセント。
「酒を飲む」男性21・4パーセント、女性9・9パーセント。

なんだかなあ、という感じがする。趣味やスポーツに打ち込むのはいいことだ。しかし、ほかはどうにもいただけない。

ストレスを感じたときには、自分一人で解決しようとせずに、誰かの力を借りるコミュニケーション能力が必要だ。とくに、一〇〇歳時代には必須だが、中高年男性にはそれが欠けているようなのだ。

不安は明確にする

続いて、不安や悩みの具体的内容について述べることにする。

厚生労働省の調査によると、男女別では特筆すべき違いはないが、女性に主婦が多いことから、仕事上の悩みは男性に突出したものになっている。

六五歳を超えると「職場の人づきあい」や「仕事上のこと」の悩みがぐっと減る。言うまでもなく、退職するからだ。その代わり「自分の健康・病気」に関する不安が増している。

しかし、今後もこのまま同様に推移することは考えにくい。八五歳まで働かなければならない時代には、健康問題と同時に仕事について不安を抱えながら長い時間を過ごさねばならなくなるはずだ。

しかしながら、せっかく寿命が延びて一〇〇歳まで生きられるようになったのに、不安だらけの生活を送るのはバカげている。

なんとか解決する方法はないものか。

実は、不安感がいつまでも持続するのは、その正体がはっきりしていないからなのだ。正体がわかれば、不安は不安でなくなる。

あなたにも、なにかしらの不安があるだろう。それを漠然と捉えていると、不安はますます増幅《ぞうふく》していく。人は「なんだかよくわからないもの」に対して恐怖感を抱くからだ。

だから、その不安を直視してしまったほうがいいのだが、「怖いものは見たくない」ので、相変わらず曖昧にしてしまうのだ。

「将来に対して漠然とした不安感がある」と訴《うった》える人は多い。

でも、本当は漠然としてなどいないのだ。人によって、金銭的なことだったり、健康面だったり、人間関係だったりと、必ず不安のもとがある。そこを直視することで、不安は解決していく。

たとえば、金銭的なことで不安を感じているなら、「なににいくら必要なのに、どのくらい足りないと予測されるのか」を具体的に考えていく。そして、足りない分を補《おぎな》うために、なにができるかを夫婦で話し合って具体的に検討していく。

この「具体的に」ができたら、不安の大半は消えていく。それをせずに「全然、足りないよ」などと言っているから苦しいのだ。

もし、健康面に不安があるなら、「自分はどんな病気になることが怖いのか」をちゃんと考えてみよう。

がんになるのが怖いなら、専門の医療機関を調べ、最新の検査を徹底して受けてみる。血管系の病気を恐れているなら、糖尿病をはじめとした生活習慣病の原因を遠ざける方法を検討する。

あるいは、108ページで述べた遺伝子検査などを受けてみるのもいいだろう。

もちろん、こうしたことで一〇〇パーセント病気が予防できるわけではない。しかし、「具体的に手を尽くしている」ことで、いつまでもわけのわからない不安に苛《さいな》まれることはなくなるはずだ。

五〇代ならではの「うつ」に注意

時代が平成に移った頃から「うつ」は急激に増えている。うつは、脳のエネルギーが欠乏し、あらゆる意欲が低下する症状で、ストレスがその大きな原因になることがわかっている。

現代人にとって、ストレスを引き起こす材料はあちこちに転がっているが、サラリーマンにとってそのトップは仕事にまつわるものだ。会社の人間関係に馴染《なじ》めなかったり、なかなか結果を残せないことで心が折れてしまう。

私がアドバイスしている企業でも、社員のうつが問題になっている。その多くが若者で、彼らは上司からちょっと注意を受けたくらいで大きなストレスを感じ、会社に出てこられなくなる。

せっかく有名大学を卒業して一流企業に就職したのに、一年もしないうちに退職してしまうようなケースでは、うつが関係していることが多い。

しかし、いまの五〇代にとって、上司に怒鳴《どな》られることくらいあたりまえだったし、仕事は苦しみながら覚えるものだった。だから、すぐにへこんでしまう若者がひどく頼りなく見える。

本書の読者のなかにも、「そうそう、いまの若い連中は本当に打たれ弱いんだよ」とうなずいている人がいるかもしれない。

では、そんな五〇代以降にうつは無縁なのだろうか。そんなことはない。年齢を重ねたら重ねたで、別の形のうつが待っている。

もともと、うつは環境の変化が大きいときに発症しやすい。定年退職後のキャリアについて考えなければならなかったり、子どもたちが独立して夫婦二人の生活に戻ったりと、五〇代は変化の年代だ。

また、男女ともに「更年期」であり、ホルモンバランスが崩れ精神的に不安定になる時期でもある。いつ、うつに襲《おそ》われてもおかしくないという認識は持っていたほうがいいだろう。

私の知人宅の隣りに、某新聞社の校閲部門に勤めていた男性が暮らしている。その男性は自分の仕事に強いプライドを持っており、ゴミ集積所などで近所の住人と顔を合わせると、たびたび難しい政治の話題を持ち出しては煙《けむ》たがられていたそうだ。

そんな男性が、定年で会社を辞めると様子がおかしくなった。知人の顔を見ても、以前のように話しかけてこなくなった。近隣の住人たちはうつを疑っているが、男性の家族は深刻には考えていないらしい。

実は、高齢になるほど、うつは発見されにくい傾向にある。というのも、訴える症状に身体的なものが増えるからだ。

若者のうつには、気分のふさぎ込みという典型的症状が多いが、高齢者では頭痛、めまい、肩こりなど身体的な症状が増える。だから、周囲も自分もまさかうつとは思わないのだ。

そのため、身体的症状に対する治療ばかり受けて、根本的なところを放置してしまう結果となり、うつは進行してしまう。

自分のことを最も理解しているのは自分である。一〇〇歳まで元気に暮らすためにも、自分の心の声には敏感でいるべきだろう。

私たちは「ネガティブトーク」にさらされている

うつや、それに近い症状を呈《てい》している人に対し、「なにも、そこまで落ち込まなくても」などと周囲は考える。つい「元気出しなよ」などとアドバイスしてしまいがちだが、それは禁句である。周囲から元気を出せと言われて出せるくらいなら、誰も苦労しない。

そもそも、人間は落ち込みやすいようにできている生き物なのだ。

私たち人間は、絶えず余計な「マインドトーク（自動思考）」にさらされている。その数、一日におよそ七万語と言われている。意識するしないにかかわらず、大量の言葉が頭の中に降《ふ》り注《そそ》いでいて、しかも、そのほとんどがネガティブなものだ。

たとえば、パソコンに向かって提案書を作成しているとき、あなたは提案書のことを考えているつもりだろう。しかし、その頭のなかには、提案書とはまったく関係のない言葉がザーッと流れている。ただ、ほとんどそれを意識できないでいる。

なかには、うっすら意識できるものも含まれる。一生懸命前向きに取り組んでいるはずなのに、「ああ、いやだ」「どうしよう」「間に合わない」「くそ」など、ネガティブな言葉が浮かんでは消える。

そのほかにも、気づかないだけで大量のネガティブな言葉が、あなたの脳内を行き来している。大量すぎるから一つひとつを認識できないとも言える。

このように、一日に七万語ものネガティブな言葉にさらされている脳が、うつに陥らずにいるほうが不思議なくらいだ。

ましてや、長く生きていれば、それだけネガティブなマインドトークが蓄積している。あなたは、まず「自分がそういう状況に置かれている」ということを知る必要がある。

私たちの認知は歪んでいる

ネガティブなマインドトークは、さまざまな「認知の歪み（誇張的で非合理的な思考パターン）」を引き起こす。それによって、私たちのなかに、まったく客観性のない思い込みが生まれるのだ。

「私は好かれていない」

「私はついていない」

「私はあまり能力がない」

などなど、多くの人が自分を低く評価している。しかし、そのほとんどがなんら根拠のない思い込みである。

ところが、脳は思っていることをそのまま受け取る習性があるため、「そうか、私は好かれていないのだ」という認知の歪みをさらに引き起こし、それによってネガティブな結果を誘導してしまい、あたかも、歪んだ認知が正しいものであるかのように思えてしまう。そして、さらにマインドトークがネガティブなものになって認知が歪むという悪循環に陥ってしまうのだ。

たとえば、大事な試験や試合などを前にして、多くの人は自信が持てない。自信が持てないでいるところに、ネガティブなマインドトークが降り注ぐ。そのため、「きっと私は失敗する」などと根拠もなく認知を歪める。すると脳はそれを真《ま》に受け、本当に失敗してしまう。

その失敗を導き出したのは、本人の「能力のなさ」ではない。自らの決めつけであるのだが、「やっぱり私は失敗するんだ」と、歪んだ認知を肯定してしまうのだ。

認知の歪みはかくも恐ろしいものである。

そして、認知の歪みは他者に対しても起きる。

ある企業で、部下と上司それぞれからヒアリングをしたときのことだ。部下は「上司から嫌われているようだ」と悩んでいた。しかし、上司のほうはその部下を信頼している。いったいなぜ、そんなすれ違いが起きているのだろうか。

両者からさらに詳しく話を聞いていくと、意外なことがわかってきた。

その部下は、ある朝、上司に「おはようございます」と挨拶した。ところが、いつもは気持ちよく挨拶を返してくれる上司が、難しい顔をして通り過ぎてしまった。部下は、「数日前の飲み会で失礼なことを言ってしまったに違いない」と落ち込んだ。

それ以来、上司に積極的に話しかけられなくなったという。

しかし、なんのことはない。そのとき上司は考え事をしており、部下の挨拶が聞こえなかった。無視をするつもりなど毛頭《もうとう》なく、気づかなかっただけなのだ。

ビジネスの場に限らず、こういうことは本当によくある。「近所の奥さんたちが私を仲間はずれにしている」とか「あの店員は俺をあまりいい客だとは思っていないんだ」とか「年寄りだからと思ってばかにしているのよ」などというのは、おおかたマインドトークによる認知の歪みによるものだ。

私たちは、こうした悪魔のようなマインドトークの存在に気づかねばならない。

あなたは、これから一〇〇歳までの人生を設計する。そのときに、「どうせ苦しい生活になるに決まっている」とか「夫婦仲良くなんていまさら無理だろう」などと決めつけてはいけない。それは認知の歪みにほかならないし、そう思い込めばその通りになってしまう。

もう一度、新たな人生を構築《こうちく》していくためにも、長年マインドトークにさらされて歪んでしまった数々の認知を正していこう。

歪んだ認知は病気をつくりだす

認知の歪みについて、一つ典型的な話をしよう。

いま、心療内科や精神科領域でよく用いられている「認知行動療法」をご存じだろうか。行動科学マネジメントと同様、「行動科学」に根っこを置く手法だ。

認知行動療法では、患者がとらわれている問題心理から抜け出すときに、根性で気持ちを立て直そうとするのではなく、認知の誤りや思考パターンの歪みを客観的に正していく。

最近、「電車に乗るとお腹が痛くなる」というサラリーマンが増えている。

いつ、その症状に襲われるかわからないから、なかなか停車しない快速電車には乗れないという人もいる。途中の駅のトイレはすべて場所を把握しているという人もいる。水なしでその場ですぐに飲める下痢止めも売れているというから、同様の患者がたくさんいることが想像できる。

こうしたケースに対し、認知行動療法では、まず「電車に乗るとお腹が痛くなる」という認知の歪みを指摘していく。

乗り物酔いとは違うし、電車の中に腹痛や下痢を誘発する細菌が漂《ただよ》っているわけでもない。電車に乗るからお腹が痛くなるのではなく、電車に乗った先にある目的が腹痛の原因をつくっている。つまり、「会社に行こうとするとお腹が痛くなる」というほうが正しい。

しかし、それでもまだ不完全だ。

その人は会社そのものが苦手なわけではなく、誰もいない土曜日に休日出勤するときには腹痛は起きなかったりする。となれば、上司など特定の人物か、顧客から電話がかかってくるといった特定の仕事がストレスになっている可能性が高い。

こうして、本質的なストレス原因に目を向けることで、はじめてお腹の調子は改善されていく。

これをせずに、ただ薬を飲んでごまかしながら「電車に乗るとお腹が痛くなる」という歪んだ認知を放置すると電車恐怖症になってしまい、本当に電車に乗ると腹痛に襲われるようになってしまう。自分の歪んだ認知が、本来かからずに済むはずの病気をつくりだしてしまうのだ。

あなたには縁のない事例だったかもしれないが、認知の歪みとはそういうものであり、どんな人も少なからず抱えている問題だということを覚えていてほしい。

マインドフルネスを取り入れよう

さて、私たち人間がいかに認知の歪みやすい生き物であるか、そして、それによっていかに大きな害を受けているかをわかってもらえたところで、その対処法を考えてみよう。

やはり行動科学マネジメントと根っこを同じにする、「マインドフルネス」という手法を、日々の暮らしに取り入れることを私はすすめている。

マインドフルネスは「第三世代の認知行動療法」とも呼ばれ、アップルやグーグルなどアメリカの先進的大企業も社員の精神的健康を守るために役立てている。

マインドフルネスは、一口に言えば、「最も重要な現実に意識を向ける」ことによって不安な心理状態から脱却する手法だ。そこで用いられるのは、呼吸法など簡単なものがほとんどである。

では、私たちにとって「最も重要な現実」とはなんだろう。お金が少ないことでも、体調に不安があることでもない。それは「いま、この瞬間」にほかならない。

私たちはいつも「いま、この瞬間」を生きている。その一瞬一瞬の積み重ねが人生であり、本来その一瞬一瞬は満ち足りたものであるはずなのだ。

ところが、いまとは関係のない過去や未来のことを考え、その貴重な一瞬を台無しにしてしまっている。

「あのとき、なんであんなことをやってしまったんだろう」という過去への後悔。

「もし、うまくいかなかったらどうしよう」という未来への不安。

そのどちらも「いま」考えてどうなるものではない。むしろ、後悔しているのならなおさら、いまを充実させるべきだし、不安があるならなおさら、いまを一生懸命生きるしかないのだ。

「いま」に意識を向ける呼吸法

「いま、この瞬間」に目を向ければ、私たちにはなんの不安もない。

たとえ、不治《ふじ》の病《やまい》に冒されているとしても、「いま、この瞬間」は間違いなく生きている。そもそも、私たちはみな、必ず死を迎える。不治の病に冒されない人などどいないのであり、やはり「いま、この瞬間」を生きるしかないのだ。

もし、不安に押しつぶされそうになったときは、たいてい、あなたの心は「どこか違うところ」をほっつき歩いている。それを「いま、この瞬間」に戻してあげる必要がある。

そのための最も手軽な方法が「呼吸を数えること」だ。

私たちにとって呼吸は、あまりにもあたりまえのことで意識することは少ない。しかし、呼吸こそ「いま、この瞬間」を生きていることの証《あかし》である。その呼吸を数えてみることで、意識が「関係のないところ」から「最も重要な現実」に向かう。

仕事中でも、食事中でも、あるいは友人との会話の途中でも、ネガティブなマインドトークは容赦《ようしゃ》なく降り注いでいるから、不安になることはあって当然だ。

なにか嫌な感じがしたら、「一、二、三」とゆっくりと呼吸を数えてみよう。そして、自分の呼吸に意識を向けて感じてみよう。

それが「いま、この瞬間」のあなたのすべてである。三〇くらいまで数えるだけで、かなり気分も落ち着いてくるはずだ。

この方法は、不安時に限らず、普段から生活に取り入れればなおいい。一日の始まりに呼吸を数える習慣を持てば、毎日を穏やかに過ごすことができる。就寝前の習慣にすれば、質のいい睡眠時間が持てるだろう。

また、休日など特別に時間を割けるときには、いつもよりも長くゆったりと行なってみるといい。目を閉じて一五分ほど呼吸を数えていると、あたかも「プチ瞑想《めいそう》」でも行なったかのように静かな心持ちになってくる。

怒りを感じたら右手を握れ

次に、「怒り」についての対処法を述べていこう。

まず考えてみたいのは、「怒っているのは本当のあなたか」ということだ。よほどの変わり者でない限り、怒っているときの気分は良くない。怒り癖がついてしまっている人だって、気分が良くなるから怒っているわけではない。人は、気分が良くないことをあえてしたいとは思わないはずだ。

「気分が悪かろうとなんだろうと、間違ったことをする人間に対しては、怒りを見せないわけにはいかないではないか」というのは、怒ってしまうことに対する言い訳であって、本当は誰しも怒りたくなんかないのだ。

つまり、怒りの感情をぶつけているあなたは、本当のあなたではない。認知の歪んだあなたが、勝手に怒っているだけだ。

先に、「怒りの感情は三〇秒以上続かない」と述べた。「怒りはなるべく早く鎮《しず》めたい」というのが本来の人間の望みだからだ。ただ、認知の歪みによって本来のあなたではないところに向かってしまうと、爆発した感情が収《おさ》まらなくなってしまう。だから、そうならないように三〇秒をやり過ごせばいい。

そのために私が取り入れているのが、怒りの感情が沸き上がったときに「右手をぎゅっと握りしめる」というものだ。それによって、いらぬところへ向かいそうになった意識を自分に戻してやるのだ。

「ああ、いけない、いけない。変なところに行くところだった」

こうして自分に意識が戻ったときには、怒りの感情はほとんど収まっている。というよりも、「貴重な時間を怒りに費やすほど損なことはない」ということに気づいて、その嫌な場から感情が離れていく。

もちろん、右手でなく左手でもいい。あるいは、足を踏みしめるのでも、肘《ひじ》をつかむのでも、耳を触るのでもいい。なにも道具を必要とせず、その場ですぐに自分に意識を戻せる方法ならそれでいい。

怒りやすい高齢者にならないために、いまから自分への合図を決めておこう。

「ささやかな幸せ」を感じる習慣

コップに半分の水が入っているのを見て、「もう半分しか残っていない」と不満に思うか、「まだ半分も残っている」と満足するか。よく言われることだが、実に重要なテーマだ。

一〇〇歳までの人生を充実させるには、いま自分の目の前にある状況を幸せに感じられるほうがいいに決まっている。

私は食事の時間を大切に考えているが、贅沢がしたいわけではない。食事で一番重視しているのは「楽しく食べること」だ。もちろん、味も大事だが、あまりこだわりすぎない。

そんな私にとって、一緒に食事に行って楽しくないタイプの筆頭《ひっとう》が「文句ばかり言う人」だ。

「フロア係の気が利《き》かない」

「以前よりも味が落ちた」

「ソムリエの知識がいまいちだ」

粗探《あら》しばかりされると、せっかくの時間が台無しになる。

どんなことにだって、探せば不満の材料はいくらでもある。と同時に、満足の材料もいくらでもあるのだ。

後者を探していくことは、「下を見て暮らす」というのとは違う。自分を最大限豊かにしてあげることだ。そして、それができるのは、長く生きてきて酸《す》いも甘いもわかっている人の特権ではないか。

それなのに、「年をとって文句が多くなった」と周囲から嫌がられる高齢者が多いのは残念なことだ。

「幸せ」とは非常に主観的なもので、周囲から見ると「なんて恵まれていることか」とうらやましく思えても、その人が幸せな心持ちでいるとは限らない。むしろ逆のことが多い。

自分の考え方一つで、いくらでも幸せはつくりだせるし、いくらでも不幸にもなれる。それはお金では買えない心の能力である。

一日の終わりに、三つのいいことを書き出そう

前述したように、私たち人間は、一日に七万語のマインドトークにさらされており、そのほとんどがネガティブなものだ。

だから、どうしても幸せを感じにくい状況に傾きがちだ。

そして、だからこそ意識的にそれを止めないと、さらにどんどんネガティブになっていく。本当は幸せなのに、それに気づけない人生にしてしまう。

そこで、行動科学マネジメントでは、一日の終わりに「今日あったいいことを三つ書き出す」ワークを取り入れている。どんな小さなことでもいいから、いいことを思い出し、その気分のままに寝床に入ってもらうのだ。

しかし、私がアドバイスしている企業の社員のなかには、「いいことなんて一つも思い出せない」と言う人もいる。

そんなはずはない。本当はたくさんのいいことが起きているはずなのだが、「自分には悪いことばかり起こる」という認知の歪みにやられてしまっているのだ。だから、もしかしてあなたも、最初はなかなか思い出せないかもしれない。それでも、どんな小さなことでもいいから三つ書き出してほしい。

「通勤電車で隣りの二人の会話が面白かった」
「ランチのオムライスがおいしかった」
「娘がニコニコしていた」
「○○社の電話対応が感じよかった」
「久しぶりに青空を眺めた」
「ネクタイの柄をほめられた」

といったように、どんなことでもいいから書き出してみよう。
もし、あなたがいま五〇歳なら一〇〇歳まで五〇年ある。一年三六五日、三つずつ書き出したら、ノートは五万五〇〇〇近い「いいこと」で埋め尽くされる。
そういう人生を、いまからつくっていこう。

【エピソード③　四〇代半ばで新しい資格を手にした高田さん】

大学を卒業後、フリーライターとして働いてきた高田裕子さん（仮名）は、もうすぐ四六歳になる。長く仕事をしていた雑誌が三年前に休刊になり、定期的な仕事を失ってしまった。

収入が激減したことも痛かったが、つらかったのは長年親しんだスタッフや、情熱を傾けてきた仕事と離れなければならないことだった。

そのとき、二歳年上の夫が「子育ても手伝うから、こっちで仕事を見つければいいじゃないか」と声をかけてきた。実は、夫は生まれ育った九州で大学の准教授を務めており、お互いの仕事のために、夫婦は別居状態にあったのだ。

四〇歳を過ぎて出産した裕子さんは、幼い子どもを保育園に預け仕事をしていた。正直なところ、なにもかも一人でやるのは大変だった。

「そうか。子どもと一緒に九州へ行けば楽かもね」

一瞬グラッときたが、やはり東京に留まった。学生時代からものを書くことが好きで、ライターは天職だと思っていたからだ。出版社は東京に集中しており、仕事を探すのにも東京に残ったほうがいい。

しかし、なかなかいい仕事が見つからず、派遣会社に登録した。そこから回ってきたライターの仕事は時給一二〇〇円だった。ほかにも事務仕事が提示され、そちらは時給一五〇〇円。裕子さんは時給にとらわれずにライターの仕事を選んだ。

夫の親戚からは「派遣会社なら九州にもある。時給一二〇〇円以上の仕事もある。別居していてもムダなだけではないか」とずいぶん言われた。しかし、ライターという仕事について一番よく知っているのは自分だから譲らなかった。

ただ、時給が安いのは事実だし、これからも東京にいればライターの仕事が必ずあるという保証はない。

そこで、裕子さんは一念発起《いちねんほっき》。派遣の仕事をこなしながら保育士の資格を取った。自分自身が保育園探しで苦労した経験があり、保育士はこれからも求められると考えたからだ。

保育士の資格を取得したことで、自分でも驚くほどの心理的変化があった。

「すごく自分に自信が持てたというんでしょうか。保育士の資格があることで、安心してライターの仕事に打ち込めています。そのおかげで評価してもらえて、時給も上がりそうなんです」

裕子さんは、六〇歳を過ぎたら「保育ママ」として、自宅で子どもを預かる仕事をしようかと考えている。

夫は「じゃあ、自分が退職したらまた東京に戻るのもありだね」と、老後生活の選択肢が増えたことを喜んでいるようだ。

第4章

生きがいと人間関係

「終活」の認識を変えよう

東京新聞の電子版に、インターネット調査会社「マクロミル」が実施したアンケート結果が掲載されていた。六〇代と七〇代を対象に「終活（人生の終わりを自分で準備する活動）」をしているかどうか調べたものだ。

結果は以下のようになっている。

「すでにしている」８・９パーセント。
「近いうちに始める予定」８・５パーセント。
「時期が来ればしたい」56・２パーセント。
「するつもりはない」26・４パーセント。

つまり、「するつもりはない」を除《のぞ》けば、四人に三人は終活に前向きであるということだ。

それにしても、半数以上を占めている「時期が来ればしたい」の「時期」とはいつのことを指すのだろうか。

終活に前向きな人たちに、その理由を聞いた結果は次のようなものだ。

「寝たきりになった場合に備えて」40・４パーセント。
「人生の終わり方は自分で決めたい」31・５パーセント。
「今後の人生をよりよく生きたい」20・２パーセント。

どれも納得のいく答えだ。これらは、本書で検討している一〇〇歳時代に欠かせない要素である。

なにも、六〇代を過ぎてから考えることではないし、ましてや「時期が来れば」などと言っている場合ではない。

おそらく、人々の間にまだまだ「自分の老後とはどういうものか」についての甘さがあるのだと思う。だから、「時期が来れば」などと漠然と考えるのだ。

いまの段階で多くの人たちがやっている終活は、身の回りのものを片付ける「生前整理」、終末期の医療に対する希望をまとめること、相続の準備、携帯電話やパソコンのデータ整理などが主である。

六〇代や七〇代でこれらをやるのは、「たぶん自分は八〇歳くらいまで生きるのではないか」と考えてのことだろう。

しかし、一〇〇歳時代には、終活に関する認識も大きく変わらざるを得ない。そもそも、そう簡単に「終わり」は来ない。一〇〇歳まで生きるのに、六〇歳で大事なデータを処分してしまってどうするの、ということになる。

もちろん、周囲に迷惑をかけずに、きれいに逝《い》くための準備は私も否定しない。だが、もっと大事なことは、その前段階にある。すなわち、一〇〇歳まで生きなければならない自分の人生をどうするかである。

ここをしっかり見据えていけば、自《おの》ずと適切な終活にもつながっていくのではないかと思う。

「いい人生」にすること

一〇〇歳時代には、多くの人が一〇〇歳を超えて生きる。一方で、病に倒れ七〇代で亡くなる人もいる。いずれにしても、「いい人生だった」と思って逝きたい。そのように生き切ることこそ、最高の終活なのではないだろうか。

人生を充実させるために必要なのは、お金や健康だけではない。おそらく、もっと重要なものがあり、それは「生きがい」だ。そして、生きがいを仕事中心に求めていいのは、四〇代まではないだろうか。五〇歳になったら、仕事とは離れたところに生きがいを見出《みいだ》していかねばならない。

あなたは、それができているだろうか。

私たち人間は、好きなことや楽しいことに没頭《ぼっとう》しているとき、間違いなく生きがいを感じている。さらに、ほかの人々との温《あたた》かいコミュニケーションを感じたときも強い生きがいを感じる。

たとえば私は、サハラ砂漠や南極など、厳しい条件のもとで走るマラソンに参加するのが趣味だ。走っている最中はとても苦しいが、完走できたときの達成感はなにものにも代えがたい。私の生きがいの一つである。

しかし、ただ自分が没頭していられればいいというものでもない。一緒に走る仲間が私を必要としてくれたり、応援してくれる人たちがいることがさらに幸福度を高めてくれる。

要するに人間には、「これがやりたい」という自分の正直な欲求の発露《はつろ》と、そういう自分を支えてくれる周囲の承認の両方が必要なのだと思う。

いずれにしても、仕事の成功がすべてだとは私は考えていない。もちろん、仕事は大事だし私なりに一生懸命やってきたつもりだ。そして、仕事はたくさんのものを私に与えてくれている。

もし、八〇歳までの人生ならば、ずっと仕事中心でいいのかもしれない。頑張って七〇歳過ぎまで仕事をしていれば、空虚感などとは無縁のものでいられるかもしれない。

しかし、一〇〇歳となればそうはいかない。「私は仕事一筋でやってきた」という誇りだけで、一〇〇歳までの人生は支えきれないだろう。

新しく友人をつくろう

五〇歳前後の男性に「心を許せる友人は誰ですか」と聞くと、仕事関係者の名前を挙げてくるケースが多い。

しかし、それはあくまで知人であり、友人ではないだろう。仕事だからお互いに友好的に会話を交《か》わしているだけで、心を許しているわけではないのだ。

いまの会社の人間関係など、一〇〇歳まで生きるうえでまったく役に立たないと思っていたほうがいい。仕事の人間関係は、仕事があるから成立しているのであって、それがなくなればゼロである。

ましてや、あなたが会社を辞めた後に、同僚や部下があなたのために一肌《ひとはだ》脱いでくれることなどない。

「○○さん、いつでも遊びに来てくださいよ」

「また、ゴルフもご一緒させてくださいよ」

こんな言葉はすべて社交辞令だ。それを真《ま》に受け、定年後も会社の後輩に電話をかけたりする人がいるが、陰《かげ》で迷惑がられているだけだ。

六五歳まで勤めたところで、その後一〇〇歳まで生きるのだ。過去に引きずられずに新しい人間関係をつくろう。新しいコミュニティに参加しよう。

しかし、こういうことはサラリーマンだった男性は圧倒的に苦手だ。いったいどうすればいいのだろうか。

逆説的なことを言うようだが、それにはまず「一人になってみること」が重要だ。会社の肩書もなにもない「素《す》のあなた」になる。そのうえで、新しいコミュニティに参加するのだ。

私の母は旅行好きで、父が亡くなってからというもの、よく「お一人様ツアー」に参加している。旅行自体を楽しみたいのであって、友人づくりを目的にしていない。しかし、自立しているから好かれ、結果として友人ができる。

これまで集団行動をしてきたサラリーマンにとって、一人で新しいコミュニティに入るのは簡単ではないかもしれない。だからと言って、徒党《ととう》を組んで入ってもその場には溶《と》け込めない。一人で入っていくからこそ、本当の居場所が見つかるのだ。

肩書を捨てよう

定年まで勤める会社と、その後、一〇〇歳を見据えて働く場では、あなたの立ち位置は違う。後者では、かつてのような地位はなく、自分の子どもよりも若い人に指示を受けることもあるはずだ。

そのことについてこだわるのはやめよう。いちいち悔《くや》しい気持ちを抱いているようでは、人生はつまらないものになってしまう。

肩書はあるもよし、なければないで気楽なものだ。

ある中堅メーカーに勤める男性Ｄ氏は、雇用延長で六五歳まで会社に残ることになった。給料はかなり低くなり、肩書もなくなった。そして、自分より年下の課長職の社員が上司となった。

本来であれば、その上司を「○○課長」と呼ぶべきだが、以前と同じように「○○君」で通している。上司の○○氏は、とくに異論を唱《とな》えるわけでもなく、D氏に対して敬語を使っている。

日本企業には、D氏のような六〇代がよくいる。なにかにつけ「俺のほうが経験豊かなんだ」と誇示《こじ》し、自分が若い上司の部下になってしまったことを認めようとしないのだ。

はたして、それは格好いい振る舞いなのだろうか。とてもそうは思えない。若い○○課長の部下として、自分のほうから敬語で接しているほうがはるかに格好いいと思うのだが、いかがだろう。

スポーツクラブや趣味の会などで新しい人間関係を築こうというときに、D氏のようなタイプは嫌われる。

彼らは、なにか新しい場に向かうと、まずそこで「序列」を意識し、少しでも上に行こうとする。そして、女性や若い人に対して偉そうに振る舞う。

さらに、同じような年代の男性に対しては「どこにお勤めだったんですか」と聞いたりする。もし、相手の会社よりも自分が属した会社が「格上」ならば、序列でも上にいると判断するのだ。

そもそも、そのような場ではみんな同じ会費を支払っているのであり、序列など存在しない。しかし、サラリーマンを長くやっていると「序列が存在しないフラットな場」でどう振る舞っていいのかがわからなくなるのかもしれない。

肩書への執着《しゅうちゃく》は捨てて、早くフラットな世界に溶け込めるようになろう。

ボランティアもいい

六〇歳で神奈川県庁を定年退職した男性が、シニア従業員の募集に応じ、ビル管理会社の契約社員になった。週に四日、指定されたビルに出向き、駐車場の見回りをしたり、ときには掃除もする。

県庁時代はデータ管理などを主にやっていたので、本当はＩＴスキルを生かせる仕事に就きたかったが募集がなかった。だから、割り切って新しい仕事をしているものの、ときどき一抹《いちまつ》の寂《さび》しさを感じていた。

そんな彼を救ったのがボランティア活動だ。彼のキャリアを知った町会長が、「地域の高齢者にパソコンを教えてくれないか」と頼んできたのだ。

過去にボランティアの経験がなかった男性は、「お金にならないのに」と躊躇《ちゅうちょ》した。しかし、新しい仕事は週に四日だから時間的には余裕がある。最初は軽い気持ちで引き受けた。

すると、想像以上に面白かった。彼にとっては「あたりまえ」のことが、高齢者たちにとっては新鮮らしく、毎回とても盛り上がるのだ。もともと人にものを教えるのが好きなタイプだったから、すっかりはまってしまった。

このように、ボランティア活動では、お金は得られなくても精神的な安定を得られることが多い。

実は私は、視覚障害を持つマラソンランナーの伴走《ばんそう》者をやってみたいという目標がある。ボランティアだが、むしろ自分が与えてもらえるもののほうが大きいのではないかと考えている。

ボランティアというと、つい被災地へ出向いて力仕事をするようなケースを思い浮かべるが、それらは若い人に任せ、あなたにできる小さなことをやってみるだけでいいのだ。

あるいは、ボランティアと銘《めい》打っていなくてもいい。少しでも「自分の存在が誰かの役に立っている」と感じられれば、それは素晴らしいことだ。

たとえば、「毎週末、自宅の周辺三〇〇メートル以内のゴミを拾う」など、自分で決めていいのである。

こうした活動をしていると、「会社以外にも自分が所属するコミュニティがある」ということを実感できると思う。それは、一〇〇歳までを生きるうえで、大きな安心感につながるだろう。

高齢者の「セルフネグレクト」が増えている

引きこもりは若者の専売特許ではない。高齢者にも増えている。とくに高齢者の場合、引きこもれば死につながる。

いま、多くの地域で高齢者による「セルフネグレクト」が問題になっている。セルフネグレクトとは、掃除や洗濯、炊事といった基本的な家事をすることが難しかったり、金銭的に困窮したり、体調がすぐれない状態にあっても、周囲の人に助けを求めず孤立していくことを言う。

その結果、家は荒れ果てゴミ屋敷と化して、地域に迷惑をかける。それによってさらに孤立を深めるという悪循環に陥るのだ。

そして、最後は孤独死が待っている。

セルフネグレクトは、かつて大企業でそれなりの地位についていたような知的水準の高い人にも見られる。認知症の症状があるために助けを求められないケースなどと違い、彼らは行政の担当者が訪ねても頑《がん》として支援を拒《こば》むのだ。

おそらく、「自分が誰かに助けてもらわねばならない」状況にあることを認めるのはプライドが許さないのだと思う。

しかし、そのようなこだわりからは早く自由になったほうがいい。

誰でも年齢を重ねれば「できないこと」が増えてくる。あなたも私も、いずれ、いまと同じようには動けなくなる。ましてや一〇〇歳近くなれば、相当にガタがきているはずだ。

年齢を重ねていくうえで必要なのは、「以前よりもできなくなった」ことを悲しまないこと。そして、できなくなったことはできている人の助けを借りることだ。

それが自分のためだけでなく、周囲のためでもある。「なんでも自分で」と頑張るのが、立派なことではない。認める勇気を持つことのほうが、はるかに立派なのだと私は思う。

〈図13〉望ましい地域での付き合いの程度

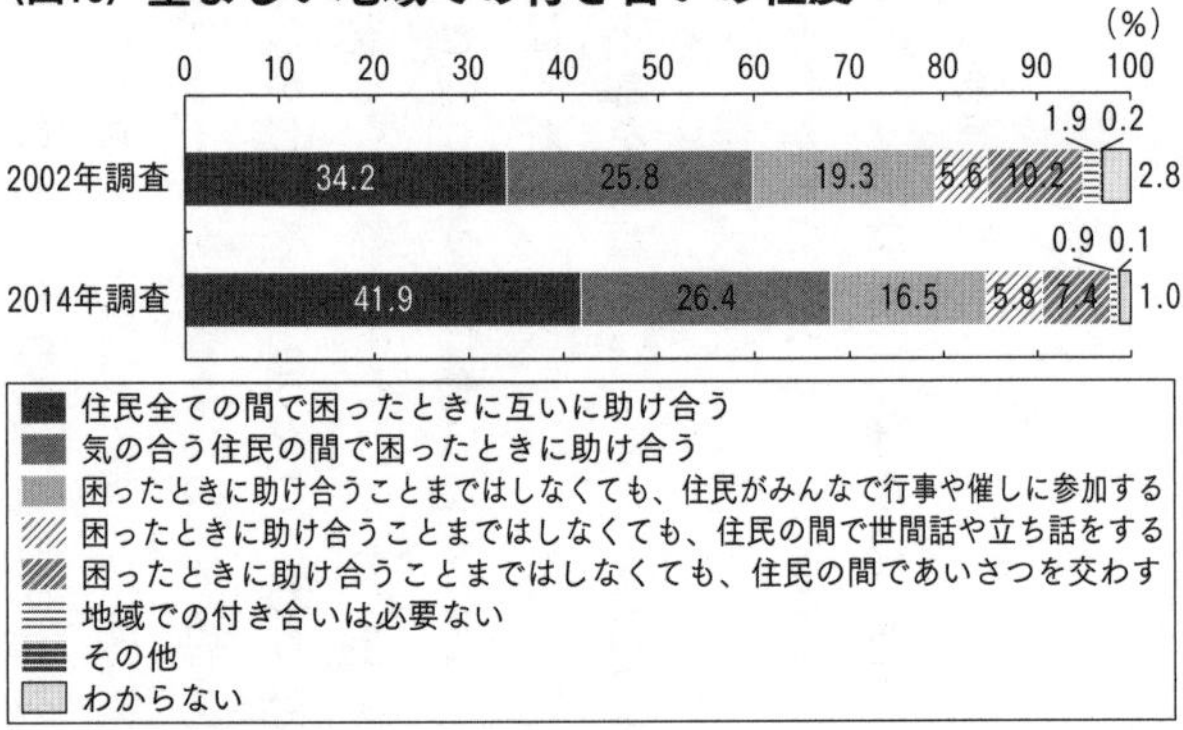

資料：内閣府「社会意識に関する世論調査」
出典：平成26年度版厚生労働白書

地域に溶け込もう

「地域との関わり」は、会社勤めをしてきた男性が圧倒的に苦手とする分野であり、これから大いに努力していく価値がある分野でもある。あなたも私も、近隣の人々と助け合って生きていかねばならないのだから。

ここで、内閣府が行なった二つの調査結果データを紹介したい。調査年は同じではないが、だいたいの状況は理解できると思う。

まず、〈図13〉の人々が地域での付き合いをどの程度望んでいるかについてだが、二〇〇二年の調査より二〇一四年では「より多く

〈図14〉近所に生活面で協力し合う人の数

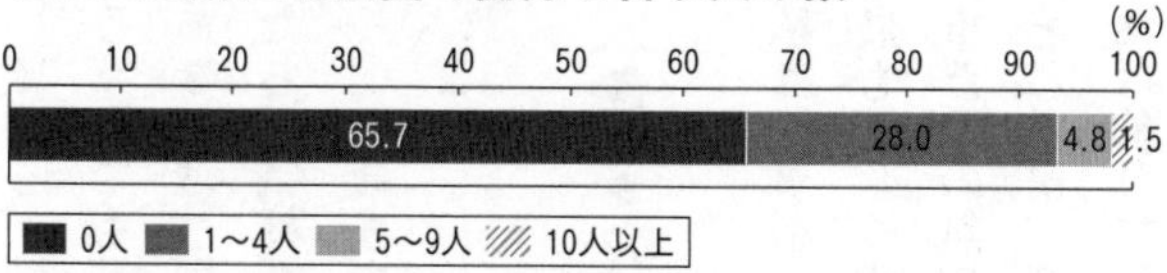

資料：内閣府「平成19年版国民生活白書」より作成
(注)　「生活面で協力し合う人」とは、お互いに相談したり日用品の貸し借りをするなど、生活面で協力し合っている人である。
出典：平成26年度版厚生労働白書

の人たちと助け合いたい」という意向が強まっている。この間、東日本大震災に代表される地震や台風など、大きな災害に見舞われたことも影響しているのかもしれない。

ところが、〈図14〉を見れば「近所に生活面で協力し合う人」はほとんどいないという現実があるのだ。まずは、このショッキングな現実を心にとめておいてほしい。

過疎地《かそち》に暮らしていると、地域の人々と協力し合わねばときに命にさえ関わるということが実感としてわかる。

一方で、コンビニなど便利な施設が近所にあれば、ご近所の力など必要ないと思ってしまう。

とくに、体力的に恵まれている働き盛りの男性は、近所づきあいにあまり興味がない。それどころかむしろ面倒くさいものと感じている。

しかし、五〇歳ともなると「最後は近くにいる人だ」と気づいてくる。地域のコミュニティは、セーフティネットとしても、生きがいを持ち続けるうえでも非常に重要なのだ。

あなたは、同じ町内に住む人の名前と顔をどれくらい把握《はあく》しているだろうか。その人たちと気持ちのいい挨拶を交わしているだろうか。

一〇〇歳までのお付き合いを見据えて、もっと積極的に地域コミュニティに参加していこう。

趣味を持とう

私は仕事柄、四〇代の課長クラスと接する機会が多い。プレイングマネジャーとして最も忙しく働いている世代だが、彼らも必ず定年を迎える。そのときのためにも、仕事だけの無趣味人間になってほしくないと考えている。

ところが、話を聞くと、仕事を離れて楽しめる趣味を持っている人は少ない。「週末には釣りに行くのが楽しみなんです」とか「寒い冬でもサーフィンをやりますよ」

とか「顔に似合わずにピアノを弾くんですよ」などと答えてくれたのは、せいぜい二割いるかいないかだ。

そのほかの大半の人が、「お酒を飲むことですかね」「たまにサッカー観戦とか行きますけど」程度の反応だった。しかし、それは趣味とは言わない。

一〇〇歳まで生きるのだから、一生を通じて楽しめるような趣味を、いくつか持っておきたい。ハイキングと囲碁、水泳と油絵といった具合に、体を動かすアウトドアものと、頭を働かせるインドアものの二種類を持っていたら理想的だ。

そうした趣味は、「定年後に見つければいい」ではなく、早くから始めてこそ、より楽しめる。

いま、シニア向けの登山教室があちこちで開催されている。

私の知人の六〇代女性も、登山用品店が主催する教室に参加した。彼女は三〇代の頃、会社の登山サークルに所属した経験を持つ。

「でも、もう全然やっていなかったから不安でした。そこで最初から学び直そうと思ったんですよね」

シニア向けとはいえ年齢制限はなかったから、いざ参加してみると四〇代から七〇代までいた。山道の途中でへばる人は四〇代にもいたが、岩場など足を大きく動かすことが求められるシーンでは年齢による差が目立ったという。高齢になるほど股関節《こかんせつ》が硬くなり、動かしにくくなるからだ。

それでも、知人女性はかつての経験があったために難なくどんな場面も登り切り、大きな自信を得たようだ。

やはり、早くから少しでも経験を積んでおいたほうがいいのだ。

しかし、会社勤めをしているうちは「時間が余る」などということはないから、趣味についてなど真剣に考えない。「やりたいことが見つからない」と言う人も多いのだが、やっていないから面白いかどうかわからないだけだ。

それが本当に「やりたいこと」かどうかはやってみなければわからない。ほかの人たちがどれほど「面白い」と言っていても、あなたがそう感じるかどうかは、実際にやってみなければわからない。

逆に、誰がなんと言おうと自分が心から楽しめたらそれでいい。男が編み物をしたっていいのである。

ゴルフを捨てよう

「これからも続けたい趣味ならありますよ。なんてったってゴルフです」

四〇代半ばの課長が言った。

同感している読者もいるかもしれない。でも、そういう人に私は問いたい。「そのゴルフは、どういうきっかけで始めたのですか」と。

おそらく、取引先との接待などだったのではないだろうか。あるいは、会社のコンペに誘われたのかもしれない。いずれにしても、仕事の延長にあったのではないかと思う。それを「一生の趣味」として引きずっていいだろうか。

もちろん、ゴルフの面白さは私も否定しない。グリーンを歩くことで健康にも寄与《きよ》するだろうから、やりたい人はやったらいい。

ただし、「趣味と言えばゴルフしかない」という状況からは脱却《だつきゃく》しておいたほうがいい。ゴルフは、会員の紹介が必要だったり、人数が揃わなければならなかったりと、いろいろ面倒な側面がある。

建設関係の中堅企業を定年退職したE氏は、大のゴルフ好きだった。営業職だったこともあり、現役時代は毎週のように接待ゴルフに出かけた。週末はほとんどゴルフ場で過ごしていたと言ってもいい。

退職を前にして、部下が「また、ゴルフに付き合ってください」と言ったが、実際に声がかかることはない。かつての取引先も誘ってくれない。やりたくても一人ではどうしようもないのだ。

私の周囲を見ていても、E氏のようになるケースが多い。七〇代、八〇代でもグリーンを回ることができるのは、役員として会社に残っているか、自営業で稼いでどこかのゴルフクラブの会員になっているようなごく一部の人だ。

普通のサラリーマンが、いましょっちゅうゴルフをしているからと言って、それがずっと続くわけではない。多くの場合、ゴルフに誘うほうも誘われるほうも、そこに仕事が生まれるからやっていたのであって、会社を辞めた人にわざわざ貴重なお金と時間を費やすことはしない。

五〇歳になったら、ゴルフは「第二の趣味」に格下げし、一人であっても自由に楽しめるものを見つけてほしい。

配偶者との関係で決まる天国と地獄

これまで、あなたにとって「人間関係」と言えば、もっぱら会社や取引先の人が対象になっていたはずだ。「上司とうまくいかない」とか「部下の考えていることがわからない」とか「〇〇社の担当者とはそりが合わない」などと悩んだこともあったと思う。

これから、あなたが対峙《たいじ》しなければならない人間関係は、家庭や地域社会にある。

それはもしかしたら、上司や部下を理解するより難しいかもしれない。会社人間でいた人にとって、長く顧《かえり》みてこなかった家庭や地域は、いまさらどうしていいかわからない場になっている。

しかしながら、逃げ出すわけにはいかない。一〇〇歳まで生きるには、とくに家族との関係を見直すことは必須である。

あなたが会社を辞めたあとの四〇年近くを一緒に過ごしてくれ、かつ健康にも気を配ってくれる相手は、配偶者しかいない。しかし、その配偶者との関係を疎《おろそ》かにしている人が多いのだ。

もっとも、五〇代の男性は、たいてい事実よりも楽天的に捉えている。

「ちょっとはわがまま言ってきたと思うけれど、ちゃんと生活費も渡してきたんだし、感謝してくれているはずだ」などと。

妻も表立っては文句は言わないかもしれないが、育児に大変なときになにも手伝ってくれなかったことや、夏休みの約束を仕事の都合でキャンセルされたことや、それについてちゃんと謝ってくれなかったことなどを覚えていて、長年の不満が蓄積している可能性は非常に高い。

いわゆる熟年離婚は、四〇年前までは約五パーセントに過ぎなかった。それがいまでは一七パーセントに増えている。実際には離婚にまでいたらなくても、「心はとっくに離婚している」という女性も多いという。『夫に死んでほしい妻たち』という恐ろしい本が話題になったことがあるが、そのコアな読者層は、おそらくあなたや私の妻たちの世代だ。

脅《おど》かすつもりはないが、五〇歳になったら、配偶者との会話をこれまでの倍に増やすくらいのつもりでいたほうがいい。

二人とも外へ出よう

かといって、夫婦がいつもべったり一緒にいればいいというものでもない。

健康なうちは、二人ともなにかしらの仕事をするために外へ出たほうがいい。お金のためにも、お互いの精神的健康のためにも。

あなたもできる限り仕事を続けるべきだし、妻がこれまで専業主婦だった場合も、できることならパートで仕事をしてもらおう。

当然、家事も分担することになる。

定年を迎えた夫に対し、妻が抱く大きな不満に「夫がいつも家にいる」というのがある。夫にしてみれば、自分の家にいるのはあたりまえだ。しかし、そのことが原因で妻が体調を崩す「夫源病《ふげんびょう》」が、医療関係者の間では明確に認識されている。

この問題を突き詰めていくと、妻は夫が家にいること自体が嫌なのではなく、家にいるときの自分に対する対応が嫌なのだ。

朝食が終わったばかりなのに「今日の昼飯はなんだ?」と聞く。

妻がクラス会に行こうとすると「俺の夕飯はどうするんだ」と言う。

食事時間の三〇分前にテーブルに座って待っている。

こんな夫を前に、「私は家政婦ではない」と、妻はいらだちを募《つの》らせているのだ。

二人とも働き、二人とも家事をする。その割合が厳格に半々である必要はない。要するに、一人の人として妻を尊重することが、一人の人として夫が尊重される大事なポイントなのだと思う。

自分のために家事を楽しもう

誰でも知っている大手メーカーで部長まで務めた男性が、七〇歳で妻に先立たれた。その男性は、退職後もいつも身ぎれいにしていた。出かけるときは、妻が下着からジャケットまで揃《そろ》えてくれたのだ。

ところが、妻が亡くなってから様子が変わってしまった。折り目のなくなったズボンのポケットにしわだらけのハンカチを突っ込んでいる。

アイロンなどかけたこともないし、洗濯機を回すのも面倒くさい。ときどき、クリーニング店にコートやジャケットを持っていくが、きれいにしまっておかないから、着るときにはしわだらけになっている。

もちろん、料理もできない。妻はいつでも好きなものをつくってくれたから、「家にいれば料理は出てくるもの」くらいのつもりでいた。

しかし、一人になってみると、お茶をいれるだけで大変だ。そもそも、茶葉がどこにどういう状態で保存されているのかすら知らなかったから、最初のうちはコンビニで買ったもので我慢していた。

このように、会社では立派に仕事をしていても、家に帰れば妻がいなくては子どものようになにもできない夫がいる。

それが許されるのは、夫が四六時中《しろくじちゅう》働き、家にいることができない状態であるうちのことだ。いまの時代に賛否はあろうが、夫は会社で働き、妻は家のことを受け持つという分担自体は、本人たちが決めればいいことだ。

しかし、定年退職後はその構図は変わってくる。夫は以前のようにハードには働けないない。妻は生活の足しにパートなどに外に出る。仕事の部分で協力し合わねばならない。のだから、家事においても協力し合うのが当然であろう。

男性も、五〇歳を過ぎたら家のことをいろいろやっておくほうがいい。

とくに身につけるべきは料理だろう。

百歩譲って掃除や洗濯は適当でいいとしても、食事はそうはいかない。2章でも述べたが、食事によって、私たちの体はできているのだ。まったく料理ができないのでは、妻になにかあったときに、食生活はめちゃくちゃなものになってしまう。

定年が見えてきて少し時間ができたら、料理教室に通うのもいいかもしれない。料理をただ「ごはんをつくること」と考えるのではなく、知的な作業と捉えてはどうか。実際に、栄養学と合わせて考えると料理は非常に奥が深い世界と言える。

料理を趣味にして、週末くらいは妻の代わりに台所に立てば、夫婦の関係にもいい影響を与えること間違いなしだ。

介護で潰《つぶ》れない

F子さんは、結婚後も中学校教員の仕事を続けてきた。二人の子どもを出産したときは休暇を取ったが、やはり教員の夫は家事をよく手伝ってくれたので、早く職場復帰できた。

F子さんが五三歳になったとき、近所に住んでいる夫の父が転んで大腿骨《だいたいこつ》を骨折し入院した。すでに夫の母は他界しており、退院してからは夫婦が交代で様子を見に行くことになった。

仕事帰りにどちらかが一人暮らしをしている義父の家に寄《よ》る。寝たきりに近いので、食事や身の回りの世話を一通りして自宅に戻る。そんなことを二年以上も続けるうちに二人とも疲れ切ってしまった。

そろそろ限界に近いと感じた夫は、F子さんに「父親を引き取りたい」と言った。そのほうが行き帰りの時間もムダにならないからと。

しかし、F子さんは首を縦《たて》に振らなかった。これまでは、言ってみれば義父の家に寄っている時間だけ面倒を見ればよかったが、自宅に引き取ったらそうはいかない。仕事を続けながらでは、潰れてしまうことは明白だ。

夫は、「ならば仕事を辞めてくれないか」と言った。F子さんはこの一言でこれまで我慢していたものがぷつんと切れた感じがしたという。

「なぜ、あなたではなく私のほうが辞めなくてはならないのか」

思わず問い返すと、夫はそれきり黙ってしまい、二度と同じことは言わなくなった。言わなくなった代わりに、ほかのことも言わなくなった。F子さんに対してすっかり心を閉《と》ざしてしまったようだ。

もちろん、F子さんには一つも悪いところはない。夫も義父も、誰も悪くないのだ。

こんな不幸な話が日本中に転がっている。介護のために、無理をして傷つけあって家族が崩壊している。

総務省による「就業構造基本調査」で、介護・看護を理由に離職・転職した人の内訳について調べたデータがある。

それによると、離職・転職するのは女性が圧倒的に多く、年齢的には五〇代になると一気に増え始める。責任ある仕事を任されているであろう女性たちは、残念な気持ちを抱えながら辞めざるを得ないのだろう。

しかし、安易《あんい》に妻の仕事を辞めさせることはしないほうがいい。妻の気持ちを大事にすることはもちろんのこと、一〇〇歳まで生きるためには、男女ともに少しでも稼いでいたほうが安心だ。

介護老人福祉施設などに入居するにしても費用はかかるが、兄弟や親族と話し合い

〈図15〉どこでどのような介護を受けたいか

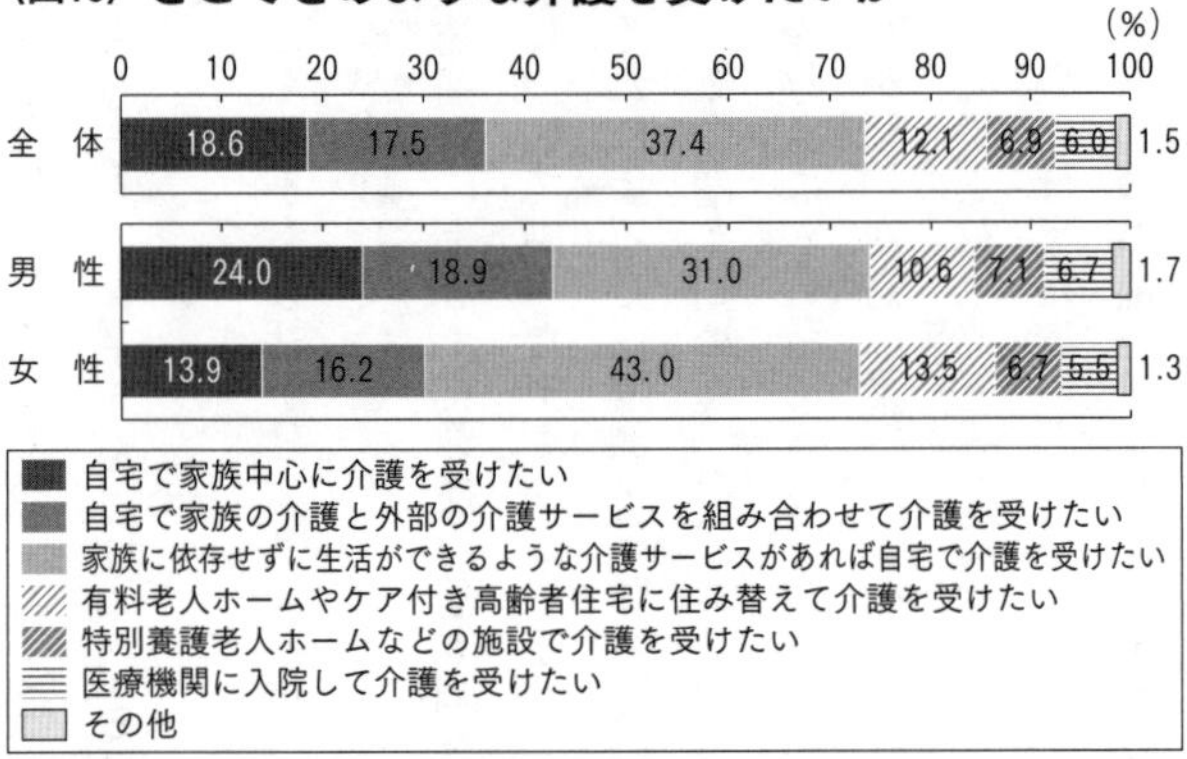

【設問】自分の介護が必要になった場合にどこでどのような介護を受けたいですか（ひとつだけ）。
資料：厚生労働省政策統括官付政策評価官室委託「高齢社会に関する意識調査」（2016年）
出典：平成28年度版厚生労働白書

冷静な判断をしていかねばならない。

さらに、〈図15〉を見てほしい。厚生労働省の「高齢社会に関する意識調査（二〇一六年）」で、六〇歳以上の男女を対象に「日常生活を送るうえで介護が必要になった場合に、どこでどのような介護を受けたいか」について聞いた結果だ。

なんと、男性で42・9パーセント、女性で30・1パーセントが自宅で家族の手による介護を望んでいる。こういう現実が、先に述べたような状況をつくりあげているのではないか。

家族とともに過ごしたいと思う気持

ちは当然のものだ。しかし、一〇〇歳時代には、介護に関する認識を一新する必要もあるだろう。

子どもには自立してもらう

ここ数年、「毒親」という言葉をよく見かけるようになった。毒親とは、過干渉などによって、子どもの生育や人生に悪影響を与える親のことだ。多くの場合、母親の過干渉で女の子が苦しめられているようだ。

しかし、男親とて安心してはいられない。子どもと共依存《きょういぞん》状態に陥っている男親がけっこういるのだ。

その典型例が、いつまでたっても自立できない子どもの面倒を見ている親だ。学生でもなく働いてもいない成人したわが子を食べさせている。しかし、一〇〇歳まで生きなければならない自分たちに、そんな余裕はないはずだ。

寄生《きせい》している子どもを突き放すには、親が五〇代であるうちがぎりぎりのラインだろう。まだ、子どもも就職先が探せる年代だ。

それをいつまでもせずにいれば、親は八〇代、子どもは五〇代などということになる。そんな子どもが、新たに仕事に就《つ》けるとは考えにくい。

これまで、若者の引きこもりを解決するために、行政や医療機関によってさまざまな試《こころ》みがなされてきたが、どれも芳《かんば》しい効果が得られなかった。ところが最近、「どうやら、この方法が一番いいのではないか」というものがわかってきたという。

それは、引きこもっている若者に、現実的なお金の話をするというものだ。

引きこもったままでいれば、その若者が、やがてどういう経済状態に行き着くのか。そのときには親はおらず、どんな金銭的破綻をきたすのか。こうしたことについて、第三者的な立場の人が客観的に説明すると、ビビッて働くようになるケースが多いというのだ。

もし、あなたに引きこもりの子どもがいるなら、道徳的に諭《さと》したり、親子の感情に訴えたりするよりも大事なことがありそうだ。

一度、専門家の意見を聞いてはいかがだろう。

ミニマムに暮らす面白さを知る

五〇歳を過ぎたら、余計なものはそぎ落としてミニマムに暮らすことを考えよう。ミニマムな暮らしは、光熱費などの基本的な出費を減らしてくれる。

それに、大きくて立派な家は、掃除も戸締まりも大変だ。もっと、高齢者が暮らしやすい住まいがあるはずだ。

私なら、郊外の一戸建てより都心の小さなマンションを選ぶ。そうすれば、買い物や観劇などに行くにも便利だから、積極的に出歩くことになってボケ防止にもつながるだろう。

また、便利な場所に住めば交通費があまりかからない。

定年退職したサラリーマンが、なにを懐かしむかといったら「通勤定期」である。会社から支給された通勤定期があれば休日も気軽に出かけられたのに、それがなくなったら交通費がもったいなくて外出が減った、という人は多いのだ。

もちろん、「自然派」ならば田舎《いなか》に住むのもいい。しかし、そこでは八五歳までの仕事はなかなか見つからない。ネットで農産物を販売するといった、起業家的な道を開かねばならないだろう。

自分がどういう方向を選ぶにしろ、そのイメージづくりのためにも、五〇歳を過ぎたら一度、身の回りの品を処分してみるといい。そのときに、行動科学マネジメントで用いる「チェックリスト」を活用してみよう。

手放すべきかどうか迷っているものなども含め、一覧表にし、それぞれいつまでにどのような方法で処分するかを考えてみるのだ。そして、処分したものはチェックを入れる。

この過程で、「なにを実際に処分し、なにを取っておきたいと感じたか」が見えてくる。それを分析してみれば、一〇〇歳までどう生きたいのかという、自分の本音もわかるだろう。

また、余計なものを抱え込むと、処分するのがいかに大変かも実感できる。

一度そういう経験をしておくことで、その先の暮らし方がスマートなものになっていくと思う。

時間の使い方を変えよう

いま五〇代の人たちは、バブル景気を経験している。まだ新人に近かったはずだが、イケイケドンドンで仕事をさせられたのではないか。

当時は、「24時間戦えますか」というドリンク剤のＣＭコピーが流行《はや》ったくらい、人々はよく働いた。いや、働いたというよりも「仕事に時間を費やした」。睡眠時間も削って「忙しい、忙しい」と言っていたのだ。

バブルの時代、たいていの会社には仕事が山ほどあった。だから、能力のあるなしにかかわらず、時間を費やしていればそれなりの結果を得ることができた。

そのため、五〇代の人たちは、いまでも「忙しい」と言うことで安心している傾向がある。しかし、もはや「忙しい」は無能の証明となりつつある。

もともと、日本人の生産性の低さはあちこちでよく指摘される。どこの国民よりも長時間働いているはずなのに、国民一人当たりのGDPは高くないのだ。

しかしながら、私は日本人の能力自体は優れていると思っている。それなのにこれほど生産性が低いのは、日本企業のシステムがおかしいのだ。

あなたはこれまで、おかしなシステムに従って時間を使ってきた。そうした時間の使い方をすれば会社で認められた。でも、そんな時代はとっくに終わった。企業はどこも時短を図っており、効率の悪い働き方は嫌われる。八五歳まで働くためには、時間の使い方を変えていかねばならない。

それは、なによりもあなたの人生のために必要である。

あなたは八五歳まで働き、一〇〇歳まで生きる。その貴重な年月を、非効率なものにしていいはずがない。「右へならえ」でみんなと同じことをし、みんなが帰るまで自分も時間を潰すようなことはしてはいけない。

自分で考え、自分で動くことが、一〇〇歳時代に必須なのだ。

【エピソード④　第二の居場所をつくりだせた岸本さん】

岸本健次郎さん（仮名）は、七五歳になった今年、町内会の仲間と台湾《たいわん》旅行に出かけた。その旅行が想像以上に楽しかったらしく、「お金を貯めて、またどこかに行きたい」と喜んでいる。

岸本さんは日本が非常に景気が良かった頃に、大手メーカーに勤めていた。そのため、海外出張も多く、台湾にも何度か行ったことがあった。

しかし、今回の旅行は、そうしたものとはまったく違っていた。

まず、メンツに仕事関係者はいない。全員六〇歳以上で、上下関係もない。加えて、女性が三名いた。それだけでも場が華《はな》やいだ。

参加者全員が既婚者でありながら、夫婦は一組も参加していないというのも面白い。だからどうということではないが、それぞれ、ちょっと気取った新鮮な気分だったに違いない。

岸本さんの妻もそれを聞いて、「あらまぁ、よかったじゃない。女性たちに嫌われないようにするのよ」と送り出してくれた。妻は、岸本さんの変身ぶりを喜んでいたのだ。

サラリーマン時代の岸本さんの最終的な肩書は部次長。典型的な会社人間だった。退社してしばらくは、親しくしていた二〜三人の同僚と連絡を取り合い、たまに会っていた。ほかに友人らしい友人はいない。

その同僚も、亡くなったり遠くへ引っ越したりして、ついに誰もいなくなった。「このままではまずい」と心配した家族のすすめもあって、町内会の役員を引き受けた。主な仕事は、お祭りを取り仕切ったり、年末助け合いの募金を管理したりといったことだ。ゴミ出しのルールを守らない住人に注意を促《うなが》すこともある。

そんな仕事に最初はなかなか馴染めなかったようだが、周囲が頼りにしてくれることもあり、だんだんと居心地が良くなっていった。

月に一回の飲み会にも積極的に参加するようになり、そこで台湾旅行の誘いを受けたというわけだ。

岸本さんは、会社員時代の経験をひけらかすことなく、素直に台湾旅行を楽しんだ。女性たちがあらかじめいろいろ情報を集めてくれ、とても助かったという。

「いや、最近は女性も頼りになるよね。パソコンやスマホでおいしい店とか、なんでも調べちゃうんだよ」

そんな岸本さんの報告を家族は嬉しい気持ちで聞いた。

「会社員時代は過去のこと。いまはこの地域が自分の居場所」と岸本さんは感じている。

おわりに

学校の授業中に地震が起きると、子どもたちはすぐに机の下にもぐる。日ごろの訓練の結果、体が自然に動くようになっているのだろう。地震のない国から来た観光客は、それを知って驚くという。

机の下にもぐったからといって、一〇〇パーセント助かるとは限らない。しかし、なにもしないよりははるかにいい。

ほかにも、家具に倒壊防止の金具をつけたり、ヘルメットや懐中電灯を身近に置いたりするなど、地震に備えてできることはいろいろあるし、それらはやらないよりもやったほうがいいに決まっている。

災害に限らず、最悪の想定をして具体的に行動できる人が、結局のところ、最良の結果を手にできるのだ。しかも、その行動は誰でもできる小さなことである。それをやるかやらないかだけの話だ。

本書で最終的に伝えたかったのも、そういうことである。

あなたにも私にも、相当に大変な嵐《あらし》が襲《おそ》ってくる。ただし、それは地震と違ってはっきりと予測ができている。ならばなおさら、できることをやっておくのは当然ではないか。

「どのみち無理でしょう」などと投げ出してしまうなら、学校で訓練に励《はげ》んでいる小学生以下ということになる。

無理をすることはない。一つずつできることからやってほしい。そして、一〇〇歳を迎えた日に「あのとき行動を起こしてよかった」と思ってもらえたなら、著者として望外の喜びである。

切りとり線

★読者のみなさまにお願い

この本をお読みになって、どんな感想をお持ちでしょうか。祥伝社のホームページから書評をお送りいただけたら、ありがたく存じます。今後の企画の参考にさせていただきます。また、次ページの原稿用紙を切り取り、左記まで郵送していただいても結構です。

お寄せいただいた書評は、ご了解のうえ新聞・雑誌などを通じて紹介させていただくこともあります。採用の場合は、特製図書カードを差しあげます。

なお、ご記入いただいたお名前、ご住所、ご連絡先等は、書評紹介の事前了解、謝礼のお届け以外の目的で利用することはありません。また、それらの情報を6カ月を越えて保管することもありません。

〒101-8701（お手紙は郵便番号だけで届きます）
祥伝社新書編集部
電話03（3265）2310
祥伝社ホームページ　http://www.shodensha.co.jp/bookreview/

★本書の購買動機（新聞名か雑誌名、あるいは○をつけてください）

＿＿＿新聞の広告を見て	＿＿＿誌の広告を見て	＿＿＿新聞の書評を見て	＿＿＿誌の書評を見て	書店で見かけて	知人のすすめで

★100字書評……一〇〇歳時代の人生マネジメント

名前

住所

年齢

職業

石田 淳　いしだ・じゅん

一般社団法人行動科学マネジメント研究所所長。株式会社ウィルPMインターナショナル代表取締役社長兼最高経営責任者。アメリカの行動分析学会ABAI会員・日本行動分析学会会員。日本ペンクラブ会員。日経BP主催『課長塾』講師。米国のビジネス界で大きな成果を上げる行動分析を基にしたマネジメント手法を日本人に適したものに独自の手法でアレンジ。「行動科学マネジメント」として確立。その実績が認められ、日本で初めて組織行動の安全保持を目的として設立された社団法人組織行動セーフティマネジメント協会代表理事に就任。グローバル時代に必須のリスクマネジメントやコンプライアンスにも有効な手法と注目され、講演・セミナーなどを精力的に行なう。著書に、『教える技術』『短期間で組織が変わる行動科学マネジメント』など多数。

一〇〇歳《さい》時代《じだい》の人生《じんせい》マネジメント

――長《なが》生《い》きのリスクに備《そな》える

石田《いしだ》 淳《じゅん》

2017年5月10日　初版第1刷発行

発行者……………辻 浩明

発行所……………祥伝社しょうでんしゃ

〒101-8701　東京都千代田区神田神保町3-3

電話　03(3265)2081(販売部)

電話　03(3265)2310(編集部)

電話　03(3265)3622(業務部)

ホームページ　http://www.shodensha.co.jp/

装丁者……………盛川和洋

印刷所……………萩原印刷

製本所……………ナショナル製本

Printed in Japan　ISBN978-4-396-11505-0　C0236